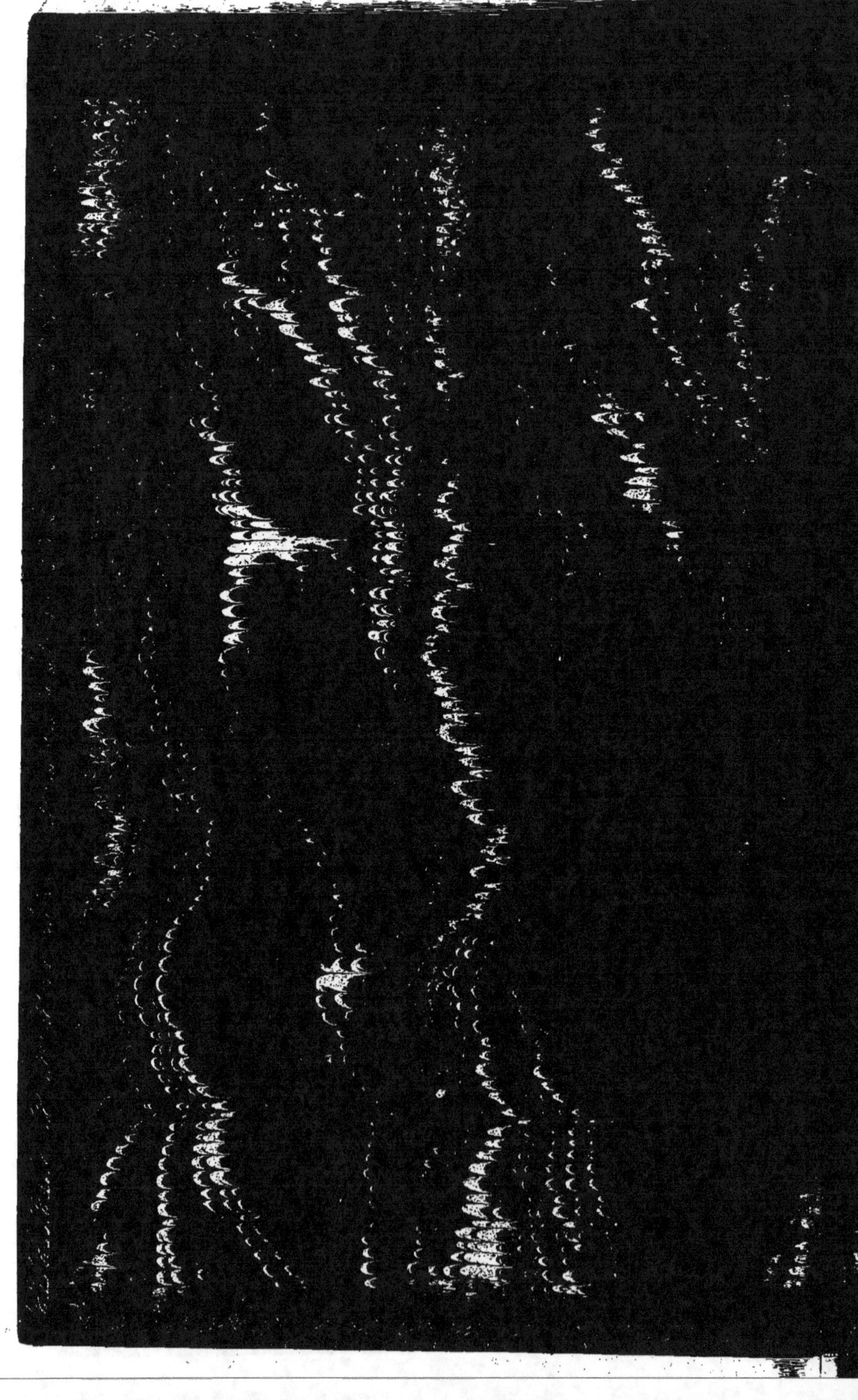

RÉPONSE

A SIR WALTER SCOTT,

SUR

SON HISTOIRE

DE NAPOLÉON.

IMPRIMERIE DE TROUVÉ ET COMPAGNIE,
RUE NOTRE-DAME-DES-VICTOIRES, N° 16.

RÉPONSE

A SIR WALTER SCOTT,

SUR

SON HISTOIRE

DE NAPOLÉON,

PAR LOUIS BONAPARTE,

COMTE DE SAINT-LEU, ANCIEN ROI DE HOLLANDE,

FRÈRE DE L'EMPEREUR.

Doe wel en zie niet om.
Fay ce que doy, advienne que pourra.

PARIS.

C. J. TROUVÉ, IMPRIMEUR-LIBRAIRE,
RUE NOTRE-DAME-DES-VICTOIRES, N° 16,
LEVASSEUR, SUCCESSEUR DE PONTHIEU, AU PALAIS-ROYAL,

1829.

Doe wel en zie niet om.

Fay ce que doy, advienne que pourra.

Je signe cet écrit pour témoigner de son authen-
ticité et pour répondre de tout ce qu'il contient.
Je renouvelle à cette occasion la déclaration
que les seuls ouvrages dont je sois l'auteur sont
les suivans :

1°. Marie ou les Hollandaises, Roman en 3 petits Vol. in 12.
2°. Documens historiques sur la Hollande, 3 Vol. in 8.
3°. Mémoire sur la versification, contenant un recueil d'odes
publiées précédemment en brochure et des essais de vers sans rime.
4°. Essai sur la versification, 2 Vol. in 8°, contenant l'opera de Ruth,
la Tragédie de Lucrèce; ces deux pièces écrites en vers sans rime,
et la Comédie de l'Avare de Molière réduite en vers de la même
espèce.
5°. Nouveau recueil de poésies publiées à Florence l'année
dernière et contenant la suite du Lutrin poème en 5 chants &c.
6°. Cette réponse à Sir Walter-Scott.

Lith. de Bernard et Delarue, rue N. D. d. Victoires, 16.

RÉPONSE

A SIR WALTER SCOTT,

SUR

SON HISTOIRE

DE NAPOLÉON,

PAR LOUIS BONAPARTE,

COMTE DE SAINT-LEU, ANCIEN ROI DE HOLLANDE,

FRÈRE DE L'EMPEREUR [*].

L'HISTOIRE est par elle-même si incertaine et si facilement falsifiée et défigurée, que je n'aime pas les romans historiques; mais je rendais justice à l'auteur de tant de brillantes pein-

[*] *Voyez* la traduction de sir Walter Scott, publiée en 1827, à Paris, chez Treuttel et Würtz, 9 vol. in-8°.

1

tures de mœurs et de caractères. Lorsque l'on annonça l'ouvrage qui fait l'objet de ces observations, je m'imaginai qu'un écrivain aussi distingué, fatigué de la vaine renommée de romancier, voulait s'élever à celle de véritable historien; mais, à mon grand étonnement, je vis, à la lecture de ce livre, qu'après avoir mis en romans quelques parties de l'histoire de son pays, il convertissait maintenant en histoire les romans et les libelles fabriqués depuis trente ans contre la France et contre Napoléon.

Cependant l'on distingue dans cet ouvrage déux factures différentes, et comme deux styles opposés, dont l'un conforme à la vérité est presque toujours l'éloge de Napoléon, et l'autre une critique fausse ou exagérée, trop souvent ironique, calomnieuse et cruelle : on dirait que la première est seule l'ouvrage de la conscience de l'auteur.

La meilleure réponse serait d'établir avec précision les faits tant défigurés par l'inimitié;

mais ce n'est pas ici mon but : je ne veux que protester contre l'exagération, l'injustice, la fausseté, la calomnie, et je dirai même contre l'atroce calomnie, répandues dans l'ouvrage de sir Walter Scott, et cela avec d'autant plus de raison, que, pour un grand nombre de faits, je puis joindre mon témoignage oculaire, puisque j'ai demeuré auprès de mon frère dès l'âge de onze ans, et que je l'ai presque constamment accompagné jusqu'à celui de vingt-sept, que je passai en Hollande.

Le but évident de l'auteur est non-seulement de rabaisser la gloire de Napoléon, mais encore de dénigrer toute la nation, et principalement ses armées immortelles toujours triomphantes, comprimées plus que vaincues en 1814 par la trahison.

Le génie et la gloire ne furent, ne sont, et ne seront jamais le partage d'une seule nation, d'une seule armée, d'un seul chef : chaque pays en a et en eut sa part; mais ce n'est pas élever ses grands hommes au-dessus des autres, que de répandre le fiel et la calomnie sur ceux-ci. Loin de là, le trop de soin que l'on prend pour les noircir et les défigurer, et d'exagérer leurs défauts, leurs torts et leurs fautes, dont ils ne peuvent être exempts puisqu'ils sont hommes, prouve au contraire combien leur éclat blesse la rivalité et l'inimitié médiocres; mais les grandes actions ont cet avantage sur les plus beaux discours, même sur les calomnies les plus adroites, que ceux-ci disparaissent sous la faulx du temps, tandis que les autres non-seulement n'en sont point atteints, mais que même leur éclat augmente et se consolide en vieillissant.

TOME III.

Je n'ai pu me dissimuler les mauvaises intentions de l'auteur, en voyant que dans un ouvrage dont le but est de faire connaître la vie de Napoléon, on ne commence à parler de lui qu'au troisième volume. Il est évident que l'on a voulu rattacher le nom de Napoléon aux excès et aux horreurs de la révolution, auxquels nonseulement il fut étranger, mais qu'il a comprimés. L'on a voulu aussi augmenter et exagérer les excès et les horreurs de la révolution, par un sentimeut d'inimitié contre la France, aussi injuste qu'*ingénéreux*.

Un but encore visible est celui de vouloir

faire passer Napoléon comme étranger à la France.

En effet, si telles n'étaient pas les intentions de l'auteur, pourquoi cette obstination à écrire le nom de famille de Napoléon, *Buonaparte*, au lieu de *Bonaparte*, ainsi qu'il est consacré par une vieille habitude ?

Certainement, la lettre *O* n'est ni plus ni moins noble ou française que la lettre *U*; mais c'est pour imprimer un caractère d'*étrangeté* à Napoléon, et séparer sa gloire de celle de la France.

La nation italienne est assez glorieuse pour que l'on fût fier de lui appartenir, principalement quand on tire son origine de ce beau pays; mais quand on est né sous les lois françaises, que l'on a grandi sur son sol, que l'on n'a connu les pays étrangers, et même la belle Italie, qu'avec les légions victorieuses de la France, il est par trop ridicule de recevoir d'un auteur anglais un brevet d'étranger.

Une observation n'a pu m'échapper à ce sujet : c'est que, tout en convenant que Napoléon avait droit d'orthographier son nom comme il le voulait, l'auteur l'écrit comme cela n'est pas d'usage dans notre famille.

On trouvera une méchante intention semblable à l'article du siége de Toulon, où, pour atténuer la gloire de ce premier exploit de Napoléon, l'auteur le fait participer aux horreurs qui suivirent la prise; chose que depuis trente ans nul libelliste n'avait encore imaginée. Cela est d'autant plus remarquable, qu'il dit lui-même, à la suite de cette calomnie, qu'elle est sans fondement : pourquoi donc la consigne-t il dans son livre? Cela peut-il avoir un autre but que de noircir la renommée de celui dont il se dit l'historien ?

Sans doute qu'un auteur n'est pas responsable du peu de mérite de son livre; chacun ne peut donner que ce qu'il a : mais c'est peu respecter le public, c'est peu se respecter soi-

même , que de ne pas se donner la peine de véri-
fier les assertions que l'on avance. Mais ces
sortes d'ouvrages sont des spéculations commerciales sur l'avide curiosité des lecteurs, qui
produisent d'autant plus qu'elles contiennent
un plus grand nombre de méchancetés et de
calomnies. Sans doute la vie de Napoléon, par
Walter Scott, est de ce nombre; sans cela,
comment la concevoir !!

On trouve à la page 5 du tome III, que
Lucien n'était guères inférieur à son frère en talens et en ambition. Quant à l'ambition, l'auteur
dément lui-même cette observation, lorsqu'il
fait connaître que Lucien refusa les honneurs
que Napoléon lui offrait, à condition que son
second mariage ne serait pas reconnu ; et quant
aux talens, je me tiens assuré que Lucien lui-
même, malgré l'éloquence et l'esprit qui le dis-
tinguent, n'a jamais songé à entrer en rivalité
avec son frère. Mais, après avoir essayé de donner un titre d'étrangeté à l'homme que les Français choisirent pour leur empereur , après avoir

essayé de rabaisser ses grandes actions, on va jusqu'à vouloir lui ôter la supériorité même dans sa famille. Je me crois donc obligé de déclarer ici, moi, frère de l'empereur Napoléon, que c'est dans sa famille qu'il commença à exercer la plus grande supériorité, non pas lorsque la gloire et le pouvoir l'eurent élevé, mais même dès son adolescence.

L'auteur affecte de nommer les soldats français des premières années de la révolution Sansculottes et Carmagnoles, et c'est se montrer à la fois injuste et peu au fait de l'état des choses. S'il avait mieux étudié la composition des armées à cette époque, il aurait connu que les armées françaises, formées des jeunes gens mis en réquisition, étaient composées du sang le plus pur de la nation; qu'il n'était pas rare de trouver dans ses rangs des fils et des frères des victimes de la fureur révolutionnaire.

Tome III, page 14. — « Quoique d'origine italienne, il » n'avait pas de goût pour les beaux-arts, » dit Walter Scott.

J'ose croire que même en Angleterre, il trouvera peu de personnes de son avis. N'est-ce pas se jouer de la crédulité de ses lecteurs, que d'avancer une telle assertion? Celui qui enrichit son pays de la plus brillante collection des chefs-d'œuvre de l'antiquité; celui qui, durant tout son règne, provoqua des chefs-d'œuvre insignes et récompensa les artistes avec une magnificence inouïe; celui qui établit les prix décennaux, et donna plus d'étendue à l'exposition des produits de l'industrie nationale; celui qui éleva dans Paris les monumens que sir Walter Scott n'a pu s'empêcher de voir dans son court voyage dans cette capitale; celui qui fit construire les routes prodigieuses qui traversent les Alpes, n'avait pas de goût pour les beaux arts!!!

On peut adresser un tel jugement à la postérité; mais s'il y parvient, ce ne sera qu'à la honte de son auteur.

Tome III, page 23.—« Napoléon était en Corse avec un » congé, lorsque ces événemens arrivèrent (la trahison du

» vieux général Paoli), et quoiqu'il eût été déjà lié d'amitié
» avec Paoli, et qu'il y eût même quelque relation de parenté
» entre eux, etc. »

Il n'existait pas la moindre parenté entre notre famille et celle de Paoli. Mon père, Charles Bonaparte, avait été lié d'amitié avec Paoli, qu'il aida dans la défense de l'île. Napoléon ne pouvait connaître Paoli, puisqu'il était né après le départ de celui-ci pour l'Angleterre. Ce n'est pas le parti de la Convention que Napoléon embrassa, mais le parti de la France, celui de sa patrie, contre l'ennemi. Les factions corses, dont Walter Scott parle, n'étaient autre chose que des insurgés soulevés par les Anglais et par Paoli, qui, ayant reçu du gouvernement le commandement de cette division militaire de la France, se servit de son autorité pour livrer le pays à l'Angleterre.

Après le mauvais succès de l'expédition de Sardaigne, commandée par l'amiral Truguet et le vieux général Casabianca, dans laquelle Napoléon avait un commandement séparé, Paoli tenta vainement d'ébranler la fidélité de celui-ci, qui s'empressa de se joindre aux commissaires du gouvernement, Lacombe Saint-Michel et Saliceti; c'est avec eux qu'il tenta de chasser les insurgés d'Ajaccio; n'ayant pu y réussir, il rentra à son régiment, celui de Grenoble, qui se trouvait alors à l'armée d'Italie, au quartier-général à Nice.

Il est également faux que Masseria, et non Masserio, l'un des compagnons de Paoli, fût parent de Napoléon; il nous était entièrement étranger.

Tome III, page 25.—« Napoléon et son frère Lucien, qui » s'étaient fait remarquer comme partisans de la France, » furent condamnés au bannissement; et madame Bonaparte, » avec ses trois filles et Jérôme, encore enfant, s'embarqua » et se retira d'abord à Nice, et ensuite à Marseille, etc. »

Ces détails ne sont pas exacts; ceux que j'ai donnés dans les documens sur la Hollande sont parfaitement justes, et l'on doit y ajouter foi, puisque, quoique enfant, j'étais avec ma mère à cette époque, que je la suivis en Provence, et demeurai avec elle jusqu'après la prise de Toulon, que j'embrassai la carrière militaire.

Ce n'est point Lucien qui accompagna Napoléon, mais Joseph : Lucien était alors à Marseille avec l'ambassadeur Semonville qu'il devait accompagner à Constantinople. Jérôme, à peine âgé de sept ans, et Caroline, âgée de huit, demeurèrent à Ajaccio, et ne furent ramenés auprès de nous que quelque temps après, tandis que j'étais avec ma mère, de même que mon oncle l'archidiacre Fesch, depuis cardinal.

Je ne rapporte ces petites inexactitudes que pour rétablir les choses comme elles sont réellement.

Tome III, page 25.—« Depuis cet événement, Napoléon » n'a jamais revu la Corse. »

Cela est faux, puisqu'il débarqua à Ajaccio au

retour d'Égypte, et y demeura plusieurs jours avant d'arriver à Fréjus.

Quelque puériles que soient ces observations, elles prouvent cependant le peu de soin que l'auteur a pris de la vérité en compilant son ouvrage.

Il est dit (*page* 33) que Napoléon fut protégé par son compatriote, le député à la Convention, Saliceti, qui avait voté la mort du roi; et cela est si faux, que c'est ce député qui, avec ses collègues, Albite et Ricord, fit arrêter Napoléon au quartier-général de Nice, et lui fit subir une arrestation de plusieurs jours, pendant lesquels on visita tous ses papiers, qu'on ne lui restitua qu'après en avoir fait le dépouillement.

L'auteur prend si peu de soin de s'informer de la vérité, qu'il dit qu'après la prise de Toulon, Napoléon fut confirmé dans son grade provisoire de chef de bataillon, et employé à ce titre à l'armée d'Italie, tandis qu'il était chef de bataillon ou lieutenant-colonel au quatrième régiment d'artillerie, celui de Grenoble, en arrivant au siége de Toulon, et qu'après la prise il fut promu au grade de général de brigade d'artillerie, commandant en chef celle de l'armée d'Italie. C'est en cette qualité qu'il fit l'inspection des côtes et les arma, et non par suite d'une commission reçue de la Convention.

Tome III, page 57. — « En mai 1795, il vint à Paris » pour solliciter de l'emploi dans son arme. Il se trouva » dénué d'amis et dans l'indigence dans cette ville dont » il devait bientôt devenir le chef suprême. Quelques per- » sonnes cependant l'assistèrent, parmi lesquelles fut le » célèbre acteur Talma, qu'il avait connu tandis qu'il. » était encore à l'École militaire, etc. »

Tout ce passage est de la plus grande fausseté. Napoléon ne vint pas à Paris pour solliciter de l'emploi, mais pour se rendre à l'armée de l'Ouest, où on l'avait fait passer comme commandant de l'artillerie, destination qui lui déplaisait fort et qu'il espérait faire changer : mais il trouva, il est vrai, peu de dispositions favorables pour lui dans le député Aubry, chargé des affaires militaires, à cause de la grande jeunesse de Napoléon et de la sévérité des réglemens de l'artillerie sur l'ancienneté. Non-seulement on se refusa à ses desirs, mais on ne lui conserva pas même le commandement de l'artillerie de l'armée de l'Ouest, et on le fit passer dans la ligne avec son grade de général de brigade. Cela parut un outrage à Napoléon, qui refusa et demeura à Paris sans emploi : mais il jouissait de son traitement d'officier général non employé, et il avait auprès de lui trois officiers, Junot, Marmont et moi. Il est vrai que Marmont le quitta bientôt après pour rejoindre son régiment à l'armée du Rhin ; mais Junot demeura toujours auprès de lui ; et quant à moi, je fus envoyé, à cause de mon extrême jeunesse, à l'école d'artillerie de Châlons, et c'est lui qui pourvoyait à toutes les dépenses qui m'étaient relatives.

Napoléon n'a connu Talma qu'à cette époque, puisque, quand il était aux écoles militaires, il était impossible qu'un élève pût fréquenter des acteurs. Il était dans les mœurs du temps, en

1795, non-seulement d'admettre les acteurs dans la société, mais même de les fêter, comme pour les dédommager de leur abaissement antérieur. C'est dans la société d'alors que Napoléon a connu Talma; mais il est impossible que les services d'argent dont on parle aient pu avoir lieu, à moins que ce ne fût en sens inverse.

Tome III, page 59. — « Bonaparte avait en lui quelque » chose du caractère de son pays natal : il n'oubliait ni un » bienfait ni une injure. »

Cela est faux, nul ne fut jamais moins vindicatif que Napoléon : il accueillit, caressa, avança ses ennemis; et c'est peut-être à son trop de confiance que sont dues les trahisons dont il tomba victime.

Les plaisanteries qu'on lit plus bas sur le dessein qu'on prête à Napoléon de passer en Turquie, sont aussi fausses que ridicules et de mauvais goût. S'il n'avait point toujours nourri dans son sein un ardent patriotisme pour la France, quelle plus belle occasion aurait-il pu trouver que celle qui lui avait été offerte par le général Paoli lors de la trahison de celui-ci?

Tome III, page 86. — Le propos trivial que Walter Scott prête à Barras lorsque l'on nomma Napoléon, pour commander au 13 vendémiaire est une insigne fausseté, et je le prouve : On dit que Barras, s'adressant à Carnot et à Tallien, leur dit : « *J'ai l'homme qui vous manque; c'est* » *un petit officier corse qui ne fera pas tant* » *de façons.* »

Or, depuis plusieurs mois Napoléon, non employé activement, travaillait au comité militaire, et connaissait parfaitement Carnot et Tallien qu'il voyait journellement; comment donc Barras aurait-il pu leur adresser le propos qu'on lui prête?

S'il fallait de nouvelles preuves de l'esprit calomnieux et diffamatoire qui a dicté la prétendue histoire de Walter Scott, on les trouverait aisément dans le passage qui termine le chapitre II, page 100 du troisième volume. Il y est dit

que la dot de la première épouse de Napoléon
fut le commandement de l'armée d'Italie, plati-
tude relevée de plusieurs libelles du temps. Il
y est dit encore qu'il se hâta d'aller voir sa famille qui était à Marseille, pour se montrer
comme un favori de la fortune dans une ville
qu'il avait abandonnée peu de temp sauparavant,
à peu près comme un aventurier indigent. Or,
cet aventurier indigent, en quittant Marseille,
était couvert de gloire par la prise de Toulon,
et plus récemment par la campagne durant laquelle Saorgio avait été pris, et la bataille del
Cairo gagnée : il se montrait à Marseille comme
commandant en chef de l'artillerie d'Italie. Il
partait, il est vrai, et quittait sa place, mais pour
en occuper une autre équivalente à l'armée de
l'Ouest ; et le nouveau travail qui motivait ce
changement portait, à l'article de Napoléon, l'observation suivante : « *Jeune officier de la plus*
» *grande distinction, à qui l'on doit la prise*
» *de Toulon.* »

Il ne doit pas être impossible de se procurer

2.

un exemplaire du travail militaire de cette époque, imprimé à un grand nombre d'exemplaires, qui ne peuvent être disparus entièrement.

A la page 147, *tome III*, l'auteur se raille des proclamations de Napoléon, en même temps qu'il injurie le caractère des soldats français; et il faut plaindre, sans s'étonner, l'auteur de tant de romans de son aveuglement et de son manque de goût; mais qu'il s'adresse à des lecteurs français ou à des lecteurs anglais, je doute qu'il puisse les convaincre que l'éloquence et les guerriers qui firent tant de grandes choses, n'aient pas été dans le chemin du grand et du beau.

Tome III, page 171. —« La seconde victime fut le duc » de Modène, etc. »

Sir Walter Scott traite de victimes les princes d'Italie avec lesquels l'armée française eut à faire; mais loin que cette expression soit juste, Napoléon leur rendit un grand service en signant des traités avec eux, puisque par-là il assurait leur existence politique, dans un temps où elle était si fort menacée par le système et les instructions du gouvernement, comme par l'effervescence qui régnait dans les différentes contrées d'Italie.

Les contributions en argent et en objets d'arts auxquelles ces princes furent soumis, n'étaient pas des sacrifices qui pussent balancer la perte de leur existence politique.

Il n'en est pas un d'eux qui n'ait reçu le traité qui le concernait, comme un bienfait et avec une joie réelle.

L'auteur dit que le motif qui porta Napoléon à recevoir une partie des contributions en objets d'arts *est plus facile à deviner qu'à justifier* (tome III, page 176); mais il me permettra de penser à mon tour que l'un est aussi facile que l'autre.

En effet, les objets d'arts sont des trophées de la victoire : les anciens traînaient à leur

char les captifs, et même les captifs couronnés;
les Barbares prenaient ou détruisaient tout
dans les pays vaincus. Les Français, sous Napoléon, furent plus généreux en préférant les objets d'arts.

L'auteur fait dire à cette occasion à Napoléon, lorsque ses officiers l'engageaient à céder
le saint Jérôme du Corrège pour la somme de
deux millions de francs : *Cet argent serait
bientôt dépensé, mais le Corrège sera pendant des siècles un ornement pour la ville
de Paris, et inspirera la production de nouveaux chefs-d'œuvre.*

Voilà pourtant celui que l'auteur accusait
tantôt de n'avoir aucun goût pour les beaux-
arts!!!

Est-il donc si difficile à l'auteur, d'après cette
réponse, de justifier le motif qui fit préférer les
objets d'arts par Napoléon? Ce motif est trop
grand et trop louable pour avoir besoin d'être

justifié : si l'auteur ne l'a pas deviné, c'est que non-seulement il ne l'a pas voulu, mais qu'il a tâché, au contraire, de le dénaturer; de même que, par la qualification d'agent dévoué du Directoire, qu'il donne à Napoléon, et que celui-ci dément dans tout le cours du livre de Walter Scott, il prouve l'aveuglement ou la mauvaise foi de la haine.

Tome III, page 3o9.—« Le vainqueur enfin des meilleurs » généraux de l'Europe, lui qui, quelques mois auparavant, » simple soldat de fortune, cherchait de l'emploi plutôt » pour subsister que pour parvenir au pouvoir et à la » gloire, etc. »

Quelque répugnance que j'aie à revenir sur ces plates et fausses invectives, il faut cependant exprimer l'opinion qu'elles font naître, en contenant le dégoût et le mépris qu'elles inspirent.

Qu'est-ce que Walter Scott entend par soldat de fortune? On appelait ainsi en France, avant la révolution, ceux qui étaient parvenus au commandement, en commençant par être simples soldats; et l'on a vu, d'après l'exposé même de l'auteur, que la carrière militaire de Napoléon n'avait pas commencé ainsi, qu'il fut appelé par sa naissance et par les plus brillantes études à prendre rang parmi les officiers du corps distingué de l'artillerie. Que l'on appelle en Angleterre soldats de fortune ceux qui se placent au service de la Compagnie des Indes pour aller battre sans peine des peuplades ignorantes, et s'enrichir sans peine de leurs dépouilles ou de leurs trafics, cela se conçoit aisément; mais cette expression de soldat de fortune ne peut s'appliquer à Napoléon, à moins qu'elle ne veuille signifier qu'il ne dut son avancement qu'à ses succès militaires; et certes, dans ce cas, l'injure que lui adresse l'auteur est loin de porter coup.

Quant à l'état dans lequel Napoléon se trouvait quelques mois auparavant, l'auteur n'ignore pas qu'il était général en chef de l'armée de l'intérieur, à Paris, et que peu de temps avant il avait commandé ces guerriers auxquels l'auteur donne les sobriquets de Carmagnoles et de Sans-culottes, mais qui cependant, en petit nombre, et avec quelques canons, chassèrent de la rade de Toulon les flottes combinées d'Angleterre et d'Espagne, après avoir détruit leur armée de terre, enlevé à la pointe de l'épée les forts que la trahison avait livrés à l'armée anglaise, et fait prisonnier le général Ohara, commandant en chef de cette armée. C'est en vain que l'auteur voudrait appliquer ce passage au court intervalle que Napoléon passa sans commandement à Paris. J'ai déjà dit que sa détresse à cette époque est de toute fausseté. Quoiqu'il fût sans commandement, il ne conserva pas moins son grade et le traitement d'officier général.

Il était appelé et consulté au comité de la guerre, et c'est à la haute opinion qu'il donna aux membres de ce comité, de son génie et de son grand caractère si bien prouvé au siége de Toulon, qu'il dut le commandement au 13 vendémiaire, et ensuite celui de l'armée d'Italie.

Tome III, page 321. — Le saint Bonaventure Bonaparte dont il est question ici, est le bienheureux Bonaventure Bonaparte, dont j'ai moi-même reconnu le corps, à mon passage à Bologne, le 3 septembre 1817, dans la chapelle de Saint-Jérôme, appartenant à la famille Ghisilieri, dans l'église de Sainte-Marie de la Vita.

APPENDICE DU TOME III.

Page 427. — Le comte Pozzo di Borgo était un homme de mérite de la ville d'Ajaccio, qui fréquentait journellement la maison Bonaparte ; mais il n'en était nullement parent. A l'époque de la trahison de Paoli, Pozzo di Borgo émigra d'abord en Angleterre, et ensuite en Russie.

Le prétendu bannissement de Corse de la famille Bonaparte est une fable. La Corse, depuis vingt-cinq ans, appartenait à la France. Paoli lui-même avait reçu du gouvernement le commandement militaire de la Corse : qui donc

aurait eu le droit de bannir la famille Bonaparte?
Elle quitta la ville d'Ajaccio, et la Corse entière,
uniquement à cause de la reddition de l'île aux
ennemis, et se retira d'abord à la Valette, près
de Toulon, et ensuite à Marseille.

Tome III, pages 434 *et* 435.—« Il (Napoléon) engagea
» M. Joly à venir le voir à Auxonne, pour traiter avec lui
» de l'impression de cet ouvrage : *Histoire politique, civile*
» *et militaire de la Corse.* M. Joly s'y rendit en effet.
» Il trouva le futur empereur dans une petite chambre
» presque nue, ayant pour tout meuble un mauvais lit
» sans rideaux, une table placée dans l'embrasure d'une
» fenêtre, et chargée de livres et de papiers, et deux chaises.
» Son frère Louis, auquel il enseignait les mathématiques,
» était couché sur un mauvais matelas, dans un cabinet
» voisin. M. Joly et l'auteur convinrent du prix pour
» l'impression de l'ouvrage ; mais Napoléon ne savait alors
» s'il devait quitter Auxonne ou y rester. Peu de temps
» après, il fut envoyé à Toulon, premier point de départ
» de sa carrière extraordinaire.... M. Joly rapporte que
» les ornemens d'église de l'aumônier du régiment, qui
» venait d'être supprimé, avaient été déposés chez Napoléon
» par les autres officiers. Il les fit voir à son hôte, et il
» parla des cérémonies de la religion sans indécence, mais
» pourtant aussi sans respect : *Si vous n'avez pas entendu*

» *la messe aujourd'hui, je puis vous la dire.* Telles furent
» les expressions dont il se servit en parlant à M. Joly. »

Ce passage contient presque autant de faussetés
que de lignes : je me souviens très-bien qu'à
cause de moi l'on donna à mon frere un quar-
tier plus commode et plus ample qu'aux autres
officiers de son grade. L'ameublement ne
pouvait être ni meilleur ni moindre que celui
des autres officiers, puisque tous étaient ca-
sernés, et par conséquent logés et meublés par
l'État. Je me souviens que j'avais une très-bonne
chambre et un très-bon lit. Mon frère dirigeait
mes études, mais j'avais les maîtres nécessaires,
même de littérature.

Cette phrase : *Napoléon ne savait pas s'il*
devait quitter Auxonne ou y rester, semble-
rait vouloir indiquer qu'il était indécis s'il sui-
vrait l'exemple de plusieurs de ses camarades
qui émigrèrent. L'indécision n'était pas dans son
caractère, et jamais il n'hésita sur le parti qu'il
devait suivre. Ce n'est pas, comme on le dit,

peu de temps après cela qu'il fut envoyé à Toulon; *peu de temps après cela,* une promotion le fit passer au régiment de Grenoble, en garnison à Valence, et je l'y suivis. De là il se rendit en semestre en Corse, pour se préparer à entrer en campagne, et je l'y suivis encore; mais pendant son semestre, il fut élu lieutenant-colonel dans un régiment d'infanterie de nouvelle levée, sans perdre son rang dans l'artillerie de ligne, en conséquence des lois militaires du temps, faites pour encourager les officiers de la ligne à entrer dans les nouvelles troupes. Je restai dans ma famille. Au retour de l'expédition de Sardaigne, et après la trahison de Paoli, Napoléon vint rejoindre son régiment (le 4ᵐᵉ d'artillerie) à Nice, et ma famille se retira d'abord à la Valette, près de Toulon, et ensuite à Marseille, ainsi que cela a été dit.

C'est après cela que Napoléon fut choisi pour faire la visite des différens arsenaux, et y former un équipage de siége, indispensable à l'armée; et c'est au retour de cette mission seulement, et à son passage par Marseille , qu'il fut mis en *réquisition* pour remplacer, à l'armée de Toulon , le général Donmartin, commandant de l'artillerie du siége , qui venait d'être grièvement blessé.

J'ignore ce qu'on rapporte des propos de Napoléon relatifs aux ornemens d'église; mais je puis affirmer qu'à cette époque ce fut par ses exhortations et ses soins que je fis ma première communion.

C'est lui qui me fit donner l'instruction et les préparations nécessaires, par un digne ecclésiastique, le frère de madame de Pillon, vieille dame très-considérée, où toute la société d'Auxonne se réunissait le soir.

J'étais enfant à cette époque; mais comme je me souviens parfaitement de tout ce que je rapporte, je me souviendrais également d'avoir vu les ornemens dont on parle , et des propos que l'on prête à mon frère, si tout cela était vrai, puisque je me souviens très-bien que j'allais à la messe les dimanches et jours de fête, avec tout le régiment réuni en corps.

TOME IV.

Page 59. — Au commencement de ce volume, l'auteur s'étend avec complaisance sur les projets chimériques qu'il prête à Napoléon. Qu'il me soit permis d'observer que Walter Scott a bien pu partager l'opinion d'un grand nombre de personnes sur les sentimens de Napoléon, relativement à l'expédition d'Égypte; mais je ne saurais faire de même.

J'étais aide-de-camp de mon frère depuis le commencement des campagnes d'Italie, et je le suivis en cette qualité en Egypte; et, quoique je n'aie demeuré que peu de temps dans ce pays, comme je reçus la double mission de porter au Directoire les premiers drapeaux conquis en Égypte, et de rendre compte de la situation de l'armée, en demandant pour elle les renforts nécessaires, j'ai pu me former une opinion sur cette expédition aussi juste que bien d'autres.

La conquête de Malte, la colonisation de l'Egypte avaient eu la plus grande influence sur la prospérité de notre commerce dans le Levant et dans les Indes, comme pour notre marine; c'eût été attaquer l'Angleterre dans les Indes, lentement à la vérité, mais avec la plus grande efficacité, malgré la force immense de la marine anglaise, sans courir les chances d'une expédition aux Indes par terre, ce qui me semble impossible. Ce projet était assez grand et assez glorieux pour qu'il ne soit pas nécessaire d'imaginer le projet extravagant de détrôner le Grand-Seigneur, etc.

La réussite de l'attaque de Malte et de la descente en Egypte, malgré les flottes anglaises et l'habileté de Nelson, ont démontré la justesse de ces calculs, comme la perte de la bataille d'Aboukir même a prouvé à tous ceux qui comme moi en furent témoins, que la France aura une marine parfaite toutes les fois qu'on le voudra sérieusement, ou, pour mieux dire, toutes les fois que l'on saura s'y prendre et perfectionner son organisation et son administration.

Tout ce que l'auteur dit contre l'expédition aux grandes Indes par terre, non-seulement n'est pas exagéré, mais est au-dessous de la vérité. Ce n'est pas de vive force qu'on peut attaquer par terre les Indes en traversant l'Égypte et l'Arabie, mais en établissant et consolidant une puissance française en Égypte, en rouvrant l'ancienne communication par Suez, en multipliant les relations entre l'Égypte et les Indes, et enfin en augmentant tellement la marine française dans la Méditerranée, que cette mer devienne presque inaccessible aux escadres anglaises.

Tome IV, page 67. — L'auteur dit que la proclamation de Napoléon à l'armée, au départ de Toulon, était mêlée d'enflure et de mauvais goût; et quand cette observation vient de l'auteur de tant de romans si souvent remplis de scènes de tavernes, elle me semble toute naturelle.

Tome IV, page 92. — J'ignore s'il est vrai que l'archevêque de Malines, ambassadeur à Varsovie, se soit servi de l'expression de Jupiter Scapin envers Napoléon; ce qui me semble incontestable, c'est que le nom de Scapin aurait été bien plus justement appliqué à l'écrivain, évêque et ambassadeur, capable de se permettre une semblable sottise envers le souverain qu'il représentait.

La plate digression de l'auteur sur le projet qu'il prête à Napoléon de se faire musulman, est digne d'un auteur de tant de fictions.

Tome IV, page 104. — « Mais la divinité, qui rendit ce » golfe (la Mer-Rouge) si fatal à Pharaon, avait réservé » pour celui qui défiait également son pouvoir, les rochers » d'une île sauvage. »

Quelle cruelle ironie! J'oserai même dire féroce envers un ennemi trop confiant et mort depuis long-temps!!!

Je me tiens assuré qu'il n'est aucun Anglais de cœur et de considération qui puisse approuver la cruelle raillerie, et j'ose dire l'indigne triomphe *d'un soldat de plume* sur la fin douloureuse et si longuement douloureuse d'un ennemi dont la grande faute fut une confiance aveugle dans la générosité du gouvernement qui était son ennemi capital.

Tome IV, page 147. — Il est faux qu'en Égypte il se soit montré presque persuadé de la vérité de la mission de Mahomet. Il a proclamé que la religion musulmane était celle du pays, et devait être respectée et même protégée. Il se conduisit en Égypte avec une prudence et une politique prescrites autant par l'équité que par le soin de la conservation de l'armée. Sans doute que le mensonge et la fausseté doivent être bannis du langage de la politique véritable;

puisque le gouvernement doit être, autant que cela est donné à l'homme, l'image de Dieu sur la terre, son langage ne peut et ne doit être que celui de la raison et de la vérité. Cependant cela n'exclut pas de sa part la faculté de proclamer et de respecter le culte et les opinions religieuses des peuples conquis, et c'est dans ce sens qu'il faut envisager les proclamations de Napoléon adressées aux Musulmans; je les considère comme un manifeste de tolérance de la part de l'armée française envers les peuples conquis d'O-rient. On ne serait point entendu de ce peuple, si on ne lui parlait son langage; et, pour donner une idée de son entêtement à cet égard, voici ce que je puis affirmer : Pendant que j'étais en Hollande, je remarquai et repoussai d'abord le titre d'em-pereur que la Sublime-Porte donnait au roi de Hollande; et, sur mon étonnement à cet égard, il me fut répondu que la Sublime-Porte donnait ce titre aux souverains des autres pays, et que celui de roi ne serait pas compris. J'ignore si cet usage existe encore à Constantinople; mais je puis af-firmer qu'il était en vigueur en 1807.

Tome IV, page 225. — « Bonaparte avait lui-même
» ébranlé le premier le Saint-Siége, et, par cet acte, dont
» il s'était vanté dans sa proclamation en Égypte, il avait
» détruit le palladium du culte catholique. »

L'auteur se trompe ou feint de se tromper. Ce n'est pas lui qui avait ébranlé le premier le Saint-Siége ; il empêcha au contraire qu'il ne tombât à la paix de Tolentino, peut-être contre les instructions de son gouvernement. Il fut politique, prudent et adroit envers les Musulmans d'Égypte ; il fut consciencieux autant que politique envers les ministres de sa religion, comme sa mort l'a prouvé.

Il n'y a pas d'observations à faire sur les nombreuses comparaisons de l'auteur, trop semblables à celles des tavernes de ses romans, ou, pour mieux dire, il y en aurait trop à faire ; on ne peut que les mépriser et plaindre leur auteur, qui, en croyant écrire une histoire offensive sur la France et sur Napoléon, n'a fait que compiler toutes les sottises et les calomnies répandues dans les libelles de l'époque, auxquels il a trouvé le moyen d'ajouter encore.

Cette volumineuse satire a un avantage, on ne peut le nier, et c'est celui de présenter la collection de toutes les calomnies et de toutes les invectives prodiguées à Napoléon depuis trente ans.

Ordinairement les historiens sont portés à juger leurs héros avec trop de bienveillance; ce n'est pas le reproche qu'on fera à Walter Scott. On trouve à chaque pas des preuves du plan de calomnie qu'il s'est tracé.

Il dit à l'occasion de la bataille de Novi, que la mort de Joubert, « *selon quelque rumeur,* » *était attribuée, non aux balles des Autri-* » *chiens, mais à celles d'assassins payés par* » *la famille de Napoléon, pour le débarras-* » *ser d'un dangereux compétiteur.* »

Puis il ajoute que c'est sans la moindre pro-babilité, que c'eût été un crime bien gratuit,

puisque rien n'assurait que le retour de Bonaparte dût être prochain, ni qu'il fût accepté par
Sieyes. Eh ! pourquoi donc, peut-on lui demander, consignez-vous une telle atrocité? Ce
ne peut être que parce que vous n'ignorez pas
qu'il reste toujours quelque chose de la calomnie.

On trouve, avec étonnement, mentionné le
nom de la Convention comme corps existant
en 1802. Cela prouve avec quelle inexactitude
et quel mépris de ses lecteurs l'auteur a com-
pilé son ouvrage.

C'est avec une véracité égale qu'on affirme
dans le même volume, que Napoléon ne voulut
pas commencer la révolution du 18 brumaire
le 17, parce que ce jour était un vendredi, et
qu'il était superstitieux!!! Apparemment que,
dans toutes ses guerres, il s'est toujours reposé
le vendredi!!!

J'ignore si tout ce que l'on dit de la conduite
de Bernadotte au 18 brumaire est vrai ; ce que

je sais, c'est que je me trouvais au déjeûner que
Bernadotte donna à cette époque, que Napoléon ne voulut pas y prendre part. On disait que
le premier avait refusé sa coopération, attendu
ses principes de républicanisme; mais ni lui,
ni Moreau, ni qui que ce soit, n'auraient pu
empêcher Napoléon d'arriver au gouvernement;
il y était porté par l'opinion publique, l'armée
et la nation entière, de même que les corps
légers sont soulevés par les flots. Que l'auteur
des romans historiques me pardonne cette enflure.

TOME V.

CE que Walter Scott avance au commencement du cinquième volume, sur la politique
blâmable de Napoléon à l'égard des Suisses,
quand il leur donna son acte de médiation, est
non-seulement faux, mais calomnieux, et je le
prouve. J'étais en Suisse, en 1814, après l'invasion des alliés, et certes ce fut le temps de la
plus grande inimitié et malignité contre Napoléon; c'est l'époque des calomniateurs et des
libellistes : il y en eut qui portèrent l'effronterie
jusqu'à avancer que le nom de Napoléon n'était
pas le sien, et qu'il se nommait Nicolas. Cependant, à cette époque même, des députés à la

diète, des landammans de différens cantons, les principaux Suisses qui fréquentaient les eaux de Baden, près de Zurich, où je me trouvais alors, ne cessaient de répéter hautement qu'ils ne pouvaient se plaindre de l'empereur Napoléon, qu'il avait fait cesser leurs troubles, assuré leur existence, et qu'ils ne pouvaient éprouver pour lui que de la reconnaissance.

Cette assertion n'a pas besoin de preuves, puisque ceux dont je parle, que j'ai connus en Suisse, doivent se souvenir encore de ce que j'affirme ; et il me semble que cette opinion des Suisses est assez concluante.

Tome V, pages 100 *et* 102. — « Avec ma France, dit
» Napoléon, l'Angleterre devait finir nécessairement par
» en être un appendice.... La nature l'avait faite une de nos
» îles, aussi bien que celles d'Oléron et de Corse.

» .... En supposant même la prise de Londres,
» ce malheur ne nous eût pas fait désespérer de la liberté
» du pays. »

Je commandais une brigade de l'armée des

côtes, réunie à cette époque contre l'Angleterre, et je me souviens qu'interpellé pour dire mon opinion sur cette expédition, je répondis : *Qu'une expédition maritime, sans avoir la supériorité sur mer, me paraissait une contradiction.* Cependant, qu'on se figure une armée française de deux cent mille hommes débarquée sur le territoire anglais, et s'emparant de l'immense cité de Londres, et qu'on ose nier que si la liberté du pays n'eût pas été perdue, l'Angleterre aurait éprouvé un dommage immense, et peut-être irréparable. On ne peut nier que le plan ne fût bien conçu; que les flottes combinées de France et d'Espagne étaient suffisantes pour balayer la Manche, et y dominer le temps nécessaire pour s'emparer de Londres, et même pour faire rentrer en France toute l'armée.

Tome V, page 132. — Je déplore plus qu'aucun autre la catastrophe du duc d'Enghien; mais quand Napoléon en a parlé lui-même, il ne m'appartient pas d'y rien ajouter. Je dirai

seulement que cette affaire est loin d'être éclair-
cie, qu'il est impossible que Napoléon ait fait
venir le prince à Paris pour l'immoler, que celui
qui avait établi un Bourbon en Toscane avait
un tout autre dessein, et n'en pouvait avoir
qu'un favorable; sans cela, pourquoi faire faire
le voyage de Paris à un prince aussi distingué,
dont la présence à travers la France pouvait
ne pas être sans inconvénient?

Si l'on demande pourquoi le dessein louable
supposé à Napoléon n'eut pas de suites, et fut si
cruellement dénaturé, c'est ce que je ne suis
pas en état d'expliquer; mais je suis persuadé
qu'un jour l'impartiale histoire dévoilera ce
secret.

Quant aux prisonniers de Gaza, etc. (*voyez*
le tome IV, page 132), Alexandre, en brûlant
une ville, en tuant son ami et son précepteur;
Charlemagne, en massacrant des milliers de
Saxons; Titus lui-même, en couronnant ses
lignes devant Jérusalem de Juifs mis en croix,

en faisant assassiner *Aulus-Cecina* au sortir d'un festin, parce qu'il avait conspiré, en immolant plus d'un million de Juifs dans la guerre de Judée, m'ont fait prendre en mépris la renommée de conquérant et la victoire même, qui ne s'acquiert et ne peut s'acquérir qu'avec la plupart de ces horreurs. Quant aux autres inculpations faites à Napoléon, je me permettrai de rappeler à sir Walter Scott sa propre maxime : « *Mais si la crédulité populaire re-* » *çoit avec avidité tout ce qui lui paraît hor-* » *rible et surprenant, l'histoire impartiale* » *exige des preuves évidentes et des motifs* » *puissans avant d'ajouter foi à ce qui dépasse* » *les bornes du vraisemblable.* » (Page 130, tome IV.)

S'il est un homme dont la destinée fut marquée presque en naissant, c'est sans doute Napoléon. Dès qu'il la comprit, et il la comprit au sortir de l'enfance, il marcha à son but avec autant de génie que de courage et d'ardeur; mais il est faux qu'il se soit laissé séduire par le seul amour du pouvoir, sans but moral et sans grandiose; son but, au contraire, était aussi grand que noble et généreux. Je lui entendais sans cesse répéter : *Que de lui daterait l'ère des gouvernemens représentatifs ; qu'il ne fallait pas tout faire par le peuple, mais tout faire pour le peuple, etc.; que l'abolition des priviléges, que l'égalité des droits, qu'une justice publique et impartiale étaient les fondemens de toute société, etc.* Mais il aima la gloire militaire et la guerre avec passion; et enthousiaste pour la gloire et la suprématie de la France, il voulait que tout, sans exception, concourût à ce but.

S'il n'est pas à l'abri des critiques, je dirai même s'il a pu se tromper, lequel, parmi les grands hommes passés, est-il plus irréprochable que lui? Que l'on songe aux difficultés que Napoléon eut à vaincre, aux innombrables ennemis qu'il eut à combattre tant à l'extérieur qu'à l'intérieur, aux piéges qui lui furent tendus de toutes parts et de toute espèce, à la tension continuelle de son esprit, à l'activité incessante, aux fatigues extraordinaires qu'il dut braver, et bientôt l'admiration absorbera la critique.

Tome V, pages 211 *à* 222. — L'auteur blâme la violation du territoire de Bareuth; mais combien peu ces neutralités ont été respectées par les vainqueurs! Témoin encore l'invasion de la Suisse, à la fin de 1813, si fatale à la France!

La conduite de la Prusse à l'époque de la bataille d'Austerlitz fut conforme à la saine politique qui attachait depuis long-temps cette puissance à la France. Ce n'est donc pas nous, Français, qui devons lui reprocher son inaction dans cette crise importante, tout en critiquant la levée de boucliers qu'elle fit avant Iéna : jusque-là la Prusse s'était montrée conséquente, en ne se laissant pas entraîner dans de nouvelles coalitions. C'est sans équité et sans vérité qu'on lui reprocherait sa défection en 1813. Quel homme de bonne foi a pu croire son alliance volontaire, et par conséquent réelle, quand ce pays était réduit par nos victoires dans la situation la plus déplorable ?

Tome V, page 226. — L'auteur fait du petit village de Saint-Michel, près de Vérone, une ville, comme de la montagne de la Corona, près de Rivoli. Quelque puériles que soient ces inexactitudes, je ne puis m'empêcher de les remarquer.

Tome V, pages 261 *à* 263. — « C'est ainsi qu'il imaginait
» que la défaite du Nil n'aurait pas eu lieu si les vaisseaux
» qui formaient la tête de la ligne française, au lieu de
» rester à l'ancre, eussent filé leurs câbles et porté secours
» à ceux que les Anglais avaient attaqués d'abord. Mais,
» en raisonnant ainsi, Bonaparte oubliait totalement ce
» premier principe de la manœuvre, au moyen de laquelle
» on parvient à rompre la ligne ennemie. C'est le titre de
» gloire d'un savant patriote, d'avoir introduit un système
» d'opération maritime d'autant plus important, qu'il ne
» peut être utile qu'à une flotte anglaise. Voici, en peu de
» mots, le principe sur lequel il repose : en rompant la
» ligne, un certain nombre de vaisseaux se trouve séparé
» des autres, qui sont dans la nécessité ou de les aban-

4

» donner à leur sort en fuyant, ou de venir à leur secours
» en attaquant les assaillans corps à corps, pour ainsi dire,
» et en engageant une bataille générale. Or, c'est ce
» dernier parti que recommandait Bonaparte, le parti
» qu'il n'eût pas manqué de prendre sur terre, et qu'il
» prit en effet pour dégager son aile droite à Marengo.
» Mais telle est la supériorité relative de la marine anglaise,
» qu'aussi long-temps qu'elle existera, un combat de
» vaisseau à vaisseau, en ne supposant pas les forces trop
» inégales, équivaudra pour elle à une victoire. Proposer
» une tactique qui rendrait un engagement de cette nature
» inévitable, c'est comme si l'on conseillait à un amiral
» français de sacrifier toute sa flotte, au lieu d'abandonner
» les vaisseaux coupés par la manœuvre anglaise, et de
» forcer de voiles pour sauver le reste. »

S'il était permis à un homme qui n'a fait
d'autre campagne sur mer que celle d'Égypte,
sur la flotte de Brueys, de parler de la tactique
navale, je réfuterais aisément tout ce que sir
Walter Scott vient de dire; je me bornerai seulement à rapporter les observations que je fus
en état de faire avec le général Kléber, lorsque,
de la côte voisine, nous fûmes témoins de la
bataille d'Aboukir. La plus grande partie de

notre escadre demeura inutile pendant que les Anglais tournaient la gauche; il n'y eut pas un spectateur qui ne s'impatientât de voir les six vaisseaux de droite de l'escadre de Brueys conserver leur ligne, tandis que s'ils avaient mis à la voile et s'étaient repliés sur la gauche, ils auraient mis l'armée anglaise entre deux feux, et auraient certainement remporté la victoire, comme il est facile de le prouver, puisque, quoique la gauche eût été tournée, l'Orient seul mit hors de combat trois vaisseaux anglais, et qu'à la fin de la bataille toute l'escadre victorieuse ne put empêcher Villeneuve de mettre à la voile avec deux vaisseaux et deux frégates, quoiqu'elle eût attaqué ces quatre vaisseaux vivement.

Chacun doit, sans doute, soutenir la gloire de son pavillon; mais l'histoire de la marine française prouve que c'est par leur tactique que les marins anglais peuvent avoir la supériorité, et que, de vaisseau à vaisseau, la victoire fût plus souvent du côté de la marine française.

L'auteur répète, pag. 284 du tome V, des ac-
cusations *hideuses*, c'est ainsi qu'il les appelle
lui-même, sur les mœurs de Napoléon et
d'autres personnes de ma famille. Cependant il
ajoute, aussitôt après, que cela n'était pas dans
le caractère de Bonaparte : pourquoi donc consi-
gner dans son livre des choses hideuses, si peu
prouvées, et si peu dignes de l'histoire ? Cela
est d'autant plus étonnant, qu'on lit dans le
même ouvrage cette phrase remarquable :
« *Nous rejetons sans balancer une accusa-*
» *tion trop hideuse même pour être men-*
» *tionnée, et qu'on ne devrait jamais arti-*
» *culer sans une preuve bien évidente à*
» *l'appui.* »

Il est assez singulier qu'il se condamne ainsi
lui-même.

Il dit, au sujet de moi et de mes frères :
« Napoléon leur réservait des alliances poli-
»tiques, mais plus conformes à ses intérêts. Ils
» appartiennent, dit-il dans le décret qui les

» instituait, ils appartiennent exclusivement à
» leur pays; ils doivent mettre de côté toute
» affection personnelle, quand le bien public
» en exige le sacrifice. »

Tome V, page 281. — On lit plus bas (page 285):
« L'Allemagne était condamnée à fournir plus d'un apanage
» à la famille Bonaparte.

» Ce fut à cette époque aussi que Bonaparte manifesta
» pour la première fois le desir de greffer sa famille sur les
» anciennes dynasties d'Europe. »

Tome V, pages 291 *et* 292. — « Il distribuait des
» couronnes dans sa famille, comme des particuliers accor-
» dent des gratifications *à leurs serviteurs.* »

Il serait difficile d'accorder ces assertions op-
posées. La vérité est que Napoléon n'a jamais
voulu ni prétendu donner des apanages,
mais faire ce qu'il croyait convenir à la France,
et ce but est aussi grand que noble et généreux;
il n'y a que l'exagération qui a pu le dénaturer.

Tome V, page 295. — « En donnant la couronne de

» Hollande au fils de Louis, après l'abdication du père,
» etc., etc. »

Cette inadvertance est par trop forte. Après mon abdication, la couronne appartenait à mon fils aîné; je la lui avais laissée. Je l'avais fait reconnaître; mais, loin de la lui donner, on ne la lui conserva pas; on la lui ôta, la Hollande fut réunie à la France, et mon fils transporté à Paris.

Il est permis, sans doute, d'écrire ainsi des *romans historiques*, mais non pas de l'histoire.

Tome V, page 374. — « Il (Napoléon) déclara, selon sa
» formule ordinaire, que la maison de Hesse-Cassel avait
» cessé de régner.... Le jugement avait été exécuté avant de
» prononcer la sentence, puisque Louis Bonaparte et le
» maréchal Mortier étaient entrés à Cassel le 1er novembre. »

Ceci n'est pas exact : je m'étais mis, à cette époque, à la tête de mes propres troupes et de quelques régimens français qui se trouvaient en Hollande, parce que l'empereur exigea que le roi de Hollande formât une armée combinée à

Wesel, sous le nom d'armée du Nord. Faisant mon possible pour concilier des devoirs trop différens, je marchai vers Cassel, sur la réquisition du maréchal Mortier, qui s'avançait par Mayence avec très-peu de troupes. Lorsque j'approchai de Cassel, le maréchal Mortier y était entré depuis la veille. Aussi fis-je arrêter mon corps d'armée avant d'entrer dans la ville, et laissant les troupes françaises sous les ordres du maréchal Mortier, je fis reprendre la route de Hollande aux Hollandais.

Je fis dire à l'électeur, par le baron de Gilsa, envoyé au devant de moi, que je conjurais ce souverain de ne pas quitter ses États, sous le risque de les perdre : mais on se défia à tort de ce conseil, et lorsque j'arrivai à la vue de Cassel, l'électeur était parti, et le maréchal Mortier avait occupé la ville depuis la veille. Si l'électeur avait suivi mon conseil, et fût resté à Cassel, il n'eût pas probablement perdu alors ses États.

Je ne fis que passer la nuit à Cassel, chez le

ministre de France, et en repartis après avoir fait ma visite à l'électrice.

Je ne crois pas que Napoléon pensât alors à ériger la Hesse en royaume; mais attaquant la Prusse, il ne voulait pas laisser sur les derrières de l'armée française l'électeur, général prussien, à la tête d'une armée et d'une population guerrières. Il pouvait, et peut-être devait-il, occuper militairement la Hesse, puisque l'électeur était général au service de la Prusse, avec laquelle la France se battait : mais il fallait se borner à cela, et sans doute Napoléon s'y fût borné, si l'électeur fût demeuré dans sa capitale, conformément au conseil que je lui en fis donner. Je ne conçois pas comment l'auteur n'a pas consulté les documens sur la Hollande, sur ce qui me regarde personnellement.

Tome V, *page* 385. — « Douaniers, magistrats, géné-
» raux, préfets, même des princes du sang de Napoléon,
» prêtaient complaisamment l'oreille à la douce voix de
» leur intérêt, plutôt qu'au langage impérieux de Bona-
» parte ; et le commerce britannique, quoique grevé de

» frais considérables, continua de fleurir malgré le système
» continental. »

L'inculpation dont il est ici question pourrait tomber aussi sur moi; et quoique je me croie trop au-dessus de semblables calomnies, je dois déclarer, en réponse à des propos tant de fois répétés durant le règne de mon frère, et même après, qu'une semblable inculpation est aussi fausse qu'inconcevable. J'ose le dire, je n'étais nullement partisan du système continental : d'abord, parce qu'il ruinait la Hollande plus que l'Angleterre, et que c'est l'intérêt de la Hollande que je devais prendre à cœur avant tout; et en second lieu, parce que ce système, vrai en théorie, est faux dans son application.

Je le comparais à un crible; une seule ouverture suffisait pour le rendre incapable de rien contenir.

L'on sent que le système continental, exécuté dans la plupart des pays, devait produire d'autant plus de bénéfice sur les points où il n'était pas maintenu, et voilà ce qui a pu produire au commerce anglais les bénéfices dont parle ici Walter Scott. Voilà ce qui donnait à la France les moyens d'avantager ses commerçans au détriment de ceux des autres pays, qui n'étaient pas les maîtres d'ouvrir et de fermer à volonté les débouchés.

L'on concevra par conséquent que je ne pouvais me prêter au système continental que matériellement, sans zèle et sans plaisir, puisqu'il était à la fois contre mon goût et contre l'intérêt du pays, et que j'étais convaincu de son inefficacité contre l'Angleterre; mais en même temps, je puis assurer, maintenant que tout cela est de l'histoire ancienne, que je n'ai pas hésité un instant à suivre tout ce que l'on a exigé sur le blocus prétendu de l'Angleterre, mais, je le répète, contre mon opinion, et par conséquent sans zèle et sans plaisir.

Tome V, page 391 *et suivantes.* — On lit

ici une critique de la politique de Napoléon envers la Pologne, et je ne m'arrêterai pas à l'examiner. Il n'est que trop aisé de critiquer les actions des hommes d'état, lorsque le temps, dans son cours rapide, a dévoilé les causes et les résultats des événemens : quand la partie est terminée, les spectateurs n'ont plus de mérite à savoir ce que les joueurs auraient dû faire.

Tome V, page 446. — « L'empereur de Russie cédait la » seigneurie de Jever à la Hollande, comme une espèce de ». compensation pour le domaine qu'il acquérait. »

Ceci ne me semble pas exact; aux termes du traité, ce pays me fut cédé personnellement, et mon premier acte fut de le réunir à la Hollande. Je ne rétablis ce fait que pour la vérité.

TOME VI.

— ❦ —

Page 48. — « Ceux à qui la calomnie est familière
» savent, suivant l'expression vulgaire, que si vous jetez
» assez de boue sur quelqu'un, il en restera toujours un
» peu. »

Voilà pourquoi, sans doute, l'auteur a recueilli toutes les sottises dites sur Napoléon depuis trente ans : il n'ignorait pas, comme il l'avoue, cette maxime vulgaire.

Page 129. — « Il (Napoléon) comptait tellement
» sur la promptitude des mouvemens, que si un of-
» ficier lui demandait quelque temps pour exécuter ses
» ordres, sa réponse remarquable était presque toujours :

» *Demandez-moi tout autre chose que du temps.* Cette
» célérité était nécessaire avec un système de marches for-
» cées, toujours sans aucun magasin établi; et nous avons
« dit combien un tel système coûtait d'hommes à Napo-
» léon. »

Cela est faux : la célérité dans les mouvemens et la vivacité de l'attaque sont aussi favorables à la victoire que propres à ménager la vie
des hommes.

Où a-t-il appris que le système de marches
forcées de l'empereur Napoléon était toujours
sans magasins?... Loin de là; son système ad-
ministratif était admirable, et ses calculs à cet
égard dignes de ses plans : sans cela, ceux-ci
n'auraient pu réussir.

Qu'un auteur qui n'est pas militaire ose en-
tasser des erreurs, des calomnies, de fausses
théories sur les actions civiles et politiques de
celui dont il se dit l'historien, je ne le conçois
que trop; mais je ne conçois pas, je l'avoue,

qu'il ose critiquer le système, la théorie et la tactique d'une armée et d'un chef presque toujours invincibles, qui furent constamment le modèle et l'admiration de leurs ennemis mêmes, des vrais militaires, et non de ceux qui tranchent sur des matières qui leur furent toujours étrangères.

On peut faire ici une triste réflexion, c'est que la gloire est non-seulement vaine, mais souvent pénible, puisqu'elle expose ceux qui l'ont acquise par tant de travaux, de fatigues et de hauts faits, à être le jouet de l'oisiveté, de la malignité et de la calomnie.

Tome VI, page 136. — « Il n'y aurait pour elle (l'Angleterre) aucun intérêt à priver les autres États de leurs » flottes et de leurs armées. »

On ne peut s'empêcher de s'étonner de la hardiesse de cette assertion; et pourquoi donc s'empara-t-elle un jour de la flotte danoise? La France, au plus fort de sa puissance, commit-elle jamais une action aussi blâmable?

Tome VI, page 195. — « On dit que l'un et l'autre
» (Joseph et Murat) furent également mécontens du rôle qui
» leur était assigné dans cette mascarade de souverains. »

Je passe à madame de Staël de nommer
ainsi ce qui se passait alors; mais j'oserai cependant demander aux libellistes quand ces sortes
de vicissitudes et de changemens cessent selon
eux de mériter ce nom? Quand donc ont-ils
jamais eu lieu, sans que les états et la destinée
des hommes en aient été le prix? Ces mascara-
des, comme toutes les affaires de ce monde, ne
cessent d'être des comédies que par la justice
et l'humanité ou le bien-être des individus.

Tome VI, page 377. — « Mais Napoléon sentant la né-
» cessité d'éteindre cette étincelle avant qu'elle allumât un
» incendie, fit marcher contre Stralsund un corps consi-
» dérable de Hollandais et de Danois qui, le 31 mai,
» s'emparèrent de la ville. »

J'observe ici que ce sont les Hollandais eux-
mêmes qui, stationnés en Westphalie, mar-

chèrent contre Stralsund et s'en emparèrent; les Danois aidèrent les Hollandais.

Tome VI, page 386. — « En second lieu, nous ferons » remarquer que les éloges donnés à Napoléon pour avoir « mis un terme aux menées révolutionnaires et soutenu les » trônes chancelans, sont en contradiction directe avec ce » qu'il s'est donné lui-même, ou qu'il a reçu de ses parti- » sans, comme étant le vrai messie de la révolution, *dont* » *le nom ne fait qu'un avec le sien*, et qui sera signalé » sous ce point de vue par la postérité. »

Qu'on se donne la peine de comparer ce qu'il dit ici avec la page 242 du tome **VIII**, cité dans ces observations, et on se convaincra de la contradiction la plus manifeste, *dont le nom ne fait qu'un avec le sien!!!*

Le voilà donc avoué le but du singulier histo- rien de Napoléon, celui de le charger aux yeux de la postérité des excès et de la fureur de la révolution : mais ce n'est pas ainsi que Napo- léon sera signalé à la postérité. L'auteur prouve- rait trop peu de jugement et de mémoire, s'il le croyait réellement.

Il confond aussi le but avec les horreurs de la révolution. Napoléon a pu dire, sans contradiction, *que de lui daterait l'ère des gouvernemens représentatifs;* c'est-à-dire, des gouvernemens monarchiques, mâis fondés sur les lois; comme il a pu dire qu'il a mis un terme aux atrocités de la révolution et de la fureur populaire, dont il a empêché le retour, et cela sans exagération et sans contradiction. N'est-ce pas lui, en effet, qui, au 13 vendémiaire, assura l'établissement d'un gouvernement régulier? N'est-ce pas lui qui, à son retour d'Égypte, arrêta l'explosion prête à éclater des Jacobins du Manège et autres?

L'exagération est l'ennemie de la vérité : qui veut trop prouver ne prouve rien. L'impartiale postérité reprochera peut-être à Napoléon de n'avoir pas gardé une juste mesure entre la faiblesse de Louis XVI et une fermeté inflexible. Elle lui reprochera de n'avoir pas confié la garde des droits et des nouveaux avantages de la nation à des lois fondamentales et stables, au lieu de les faire reposer uniquement sur son existence. Mais, ou je me trompe fort, ou elle ne confirmera pas la prédiction de l'auteur, et séparera le bien et les avantages de la révolution française des excès et des horreurs, dont elle attribuera le terme et la répression à Napoléon.

Tome VI, page 398. — « Bernadotte balança à se char-
» ger de la défense d'Anvers; mais ayant fini par accepter
» cette mission, il profita du répit que lui donnaient les
» Anglais pour mettre la place dans un état respectable
» de défense, et rassembla dans l'intérieur de ses murs
» plus de trente mille hommes. Les écluses furent levées
» et le pays inondé; de fortes batteries défendirent les
» deux rives de l'Escaut, et il fut presque impossible de
» remonter ce fleuve. »

Qu'on me permette de répéter ici ce que j'ai dit à ce sujet dans les documens sur la Hollande, et de relever quelques inexactitudes.

Ce n'est pas Bernadotte que l'archi-chancelier Cambacérès et le ministre de la guerre duc de Feltre invitèrent à se charger de la défense d'Anvers, mais moi-même qui reçus plusieurs courriers à ce sujet, et qui pris effectivement le commandement de l'armée combinée, assez à temps pour empêcher les Anglais de surprendre Anvers comme ils avaient surpris Walcheren. C'est moi qui fis inonder les rives de l'Escaut et y élever des batteries. Quoique la Hollande fût dépourvue de troupes depuis qu'on m'avait forcé à les tenir en Westphalie, je trouvai moyen, par un appel à la nation, d'assembler assez de troupes à Berg-op-Zoom, dans l'île de Sudbeveland et sous Anvers pour couvrir toute cette partie, et empêcher les Anglais de faire des progrès. C'est quinze jours après que le prince de Ponte-Corvo arriva, et que, d'après les ordres de l'Empereur au duc de Feltre, dont on me donna connaissance officiellement, je lui remis le commandement. Il est donc prouvé que c'est l'Empereur lui-même qui nomma le prince de Ponte-Corvo, et que tout ce qu'on a publié à ce sujet dans les libelles, et surtout dans les *Mémoires de Fouché*, est de toute fausseté. Je suis étonné de trouver de pareilles bévues dans un livre prétendu historique.

Tome VI, page 405. — « Napoléon était Italien; il se
» montrait fidèle au souvenir de son origine, par le soin
» particulier qu'il prenait de la nation italienne : aucune
» partie de son empire ne participa plus complétement
» aux avantages de son administration...

» Ce sentiment généreux entretenait en lui l'ambition,
» noble sans doute, si elle eût pu être réalisée sans bles-
» ser la justice, de faire de la belle péninsule d'Italie un
» seul royaume, dont Rome serait de nouveau la capitale.
» Il avait en même temps le desir de déblayer la ville
» immortelle des ruines dont elle était encombrée, de
» prévenir l'anéantissement de ses anciens monumens,
» et enfin de lui rendre autant que possible sa splendeur
» primitive. L'espoir de se procurer ainsi un genre de
» gloire qu'aucune conquête ne pouvait lui assurer, avait
» sans doute des charmes plus puissans que toute autre
» considération pour une âme que des succès constans
» avaient blasée sur les jouissances ordinaires de la vic-
» toire; et l'idée que l'existence du Pape, comme prince
» temporel, était incompatible avec le beau rêve de la res-
» tauration de Rome, et de la régénération de l'Italie, le
» détermina probablement à mettre un terme au pouvoir
» du Saint-Père. »

Les observations à faire sur ce passage seraient nombreuses; il faut se borner.

Napoléon était d'origine italienne, mais il était né Français. On peut se demander pourquoi ces répétitions continuelles sur son origine italienne? Et en vérité il est difficile d'en comprendre le but. Sa partialité pour l'Italie était assez naturelle, puisqu'il l'avait conquise, et que cette belle péninsule était un trophée pour la gloire nationale, dont Walter Scott convient que Napoléon était fort jaloux.

Je doute cependant qu'il eut l'intention de réunir l'Italie et d'en rendre Rome la capitale; trop d'actions de Napoléon démentent les suppositions de l'auteur.

Je me trouvais auprès de lui un jour qu'il reçut, par un aide-de-camp du maréchal Soult (si je ne me trompe), le rapport de quelques victoires en Espagne, et entre autres d'une où les troupes italiennes s'étaient grandement distinguées. L'une des personnes qui étaient avec lui s'écria à cette nouvelle : Que les Italiens se montraient dignes d'obtenir leur indépendance, et qu'il serait à desirer que tout entière elle fût réunie en corps de nation. Dieu garde (s'écria Napoléon d'un mouvement spontané et involontaire), ILS SERAIENT BIENTÔT LES MAÎTRES DES GAULES.

Quant au déblayement des monumens de l'antiquité, et aux travaux entrepris pour leur conservation, ils n'étaient pas seulement en projet ; non seulement ils étaient commencés, mais même très-avancés et beaucoup terminés. Depuis Napoléon, les travaux que l'on a achevés l'ont été sur les plans laissés par lui.

Si Walter Scott a été en Italie et à Rome en 1814, il doit savoir que je n'avance ici rien qui ne soit vrai ; et s'il n'y a pas été, le grand nombre de ses compatriotes qui ont voyagé en Italie, à cette époque, peuvent lui donner un démenti.

Parmi toutes les calomnies accumulées sur Napoléon, il n'y en a point de plus injustes et de plus fausses que celles contre son patriotisme; il était essentiellement français, mais trop exclusif : or, tout excès est un mal.

TOME VII.

Page 73. — « L'idée de savoir à quelle condition on
» pourrait faire la paix s'était présentée à Napoléon aussi
» bien qu'à Fouché ; et le souverain, de son côté, malgré
» le manque de succès des deux tentatives qu'il avait faites
» pour ouvrir une correspondance personnelle avec le roi
» d'Angleterre, avait marché sur les pas de son ministre,
» en chargeant M. La Bouchère, négociant et agent d'une
» grande maison de commerce de Hollande, de servir
» d'intermédiaire pour une communication avec le gou-
» vernement anglais. Il en résulte qu'Ouvrard et l'agent
» de l'Empereur, chacun d'eux ignorant la mission de
» l'autre, entrèrent à peu près en même temps en corres-
» pondance avec le marquis de Wellesley, qui, de retour
» de sa mission en Espagne, était alors secrétaire-d'état
» pour le département de la guerre. Le ministre anglais,
» surpris de cette double ouverture, soupçonna naturelle-

» ment qu'on cherchait à le tromper, et rompit toute cor-
» respondance tant avec Ouvrard qu'avec son compéti-
» teur pour cette négociation.

» Napoléon doit naturellement avoir été tellement cour-
» roucé contre Fouché pour s'être mêlé, sans son agré-
» ment, d'une affaire de si haute importance, qu'on est
» presque surpris de le voir borner les effets de son res-
» sentiment à disgracier son ministre. Il fit venir Fouché
» devant lui, et lui ayant arraché l'aveu de sa négociation
» secrète, il ajouta : *Ainsi donc vous faites la paix ou la*
» *guerre sans mon aveu!* etc. »

Quoique l'auteur ne fasse pas mention de moi, je suis au fait de cette affaire et puis en parler pertinemment; voici la vérité :

J'étais venu de Hollande à Paris, dans l'hiver de 1809, malgré moi, pour satisfaire aux vœux des principaux Hollandais, qui s'imaginaient que je pourrais empêcher ou du moins faire ajourner, par ma présence à Paris et mes efforts directs, le projet trop visible de s'emparer de la Hollande.

Pendant mon séjour à Paris, on parvint à me persuader que toutes les tracasseries, les attaques et mauvais traitemens dont j'étais l'objet, n'avaient pas pour but réel la réunion de la Hollande, puisque le véritable intérêt de la France était d'agrandir ce royaume, mais que c'était une ruse de la politique, pour décider le gouvernement anglais à rapporter ses arrêts du conseil et à conclure la paix; et c'est ainsi que de Paris, l'on me décida à faire expédier d'Amsterdam à Londres M. La Bouchère, avec l'instruction de faire connaître au marquis de Wellesley que si l'Angleterre ne rapportait pas ses arrêts du conseil, la réunion de la Hollande à la France était inévitable.

La réponse du marquis prouvait à la fois combien mon gouvernement en Hollande était favorable et convenable à la France, puisque le gouvernement anglais déclara *que le sort de la Hollande n'aurait pas manqué d'inspirer beaucoup d'intérêt à l'Angleterre; mais que, dans l'état actuel de ce pays, l'influence de la*

France y était trop entière, pour que le changement politique dont on parlait, fût de quelque poids dans la détermination du cabinet britannique.

Cette tentative, comme toutes celles que je fis durant mon séjour à Paris, ayant été inutile, je ne parvins à retarder la réunion de la Hollande, dont le décret, rédigé d'avance et toujours prêt, était souvent mis sous mes yeux, qu'au moyen du sacrifice du Brabant et de la Zélande.

Je rentrai à Amsterdam après cela, comme après la perte de la bataille la plus désastreuse ; mais j'espérais encore pouvoir prolonger l'existence nominale du royaume jusqu'à la paix générale, que je croyais imminente après le nouveau mariage. Sur ces entrefaites, on me demanda à Amsterdam le passage en Angleterre pour M. Ouvrard. J'y consentis d'autant plus volontiers, que j'imaginais que c'était une suite de la démarche que j'avais faite, en envoyant à Londres M. La Bouchère.

Peu de temps après, l'Empereur vint visiter Anvers et les provinces qu'il avait prises à la Hollande. Je fus au devant de lui dans cette ville, afin d'éviter qu'il ne vînt dans les provinces laissées encore au royaume.

Pendant que je causais avec l'Empereur, et que je repoussais sans difficulté, mais non sans douleur et sans dégoût, les plaintes sans cesse répétées, aussi injustes que fausses, sur les communications qui existaient entre l'Angleterre et les côtes de Hollande, je l'assurai que, depuis mon retour de Paris, il n'y avait pas eu d'autres communications avec l'Angleterre que celles qui venaient d'avoir lieu par M. Ouvrard, accordées sur sa demande. Mon étonnement fut extrême en apprenant que non-seulement c'était sans son ordre, mais que même il l'ignorait, et dès ce moment il prononça la destitution du duc d'Otrante, Fouché, comme ministre de la police, qui s'était permis une si singulière démarche.

Tome VII, pages 92 *à* 100. — Je suis sincèrement reconnaissant de la manière dont l'auteur s'explique à mon égard, à la fin du chapitre troisième; mais je crois nécessaire d'ajouter une courte explication : si, par le traité du 16 mars 1810, la réunion de la Hollande fut retardée, ce ne fut qu'au prix de la cession du Brabant et de la Zélande, et en sacrifiant à ce que je croyais le bien du pays, tout intérêt personnel, et même ma considération.

Ce n'étaient pas, comme le dit l'auteur, les seules affaires commerciales qui me causaient des discussions et des tourmens continuels, mais toutes les affaires du pays, dès qu'elles étaient favorables à son bien-être et à sa consolidation politique, parce que, je ne puis le dissimuler, et d'ailleurs je le tenterais vainement, la politique de ce temps m'était diamétralement opposée, puisque son but à l'intérieur comme à l'extérieur, d'une manière patente ou secrète, ne tendait qu'à faire tomber ce pays de lui-même dans les limites du grand empire.

On a dit, et l'auteur le répète ici trop légèrement, que je vivais dans ma retraite de Gratz, depuis mon abdication, à l'aide d'une petite pension , etc.

Ceci n'est point exact; je ne recevais ni ne pouvais recevoir de pension de qui que ce soit ; mes revenus se composaient principalement du prix de mes décorations en brillans, et des intérêts des obligations que j'avais prises pour encourager l'emprunt ouvert en Hollande pour la Prusse, au temps des plus grands malheurs du vertueux souverain de ce pays, qui, malgré toutes les oppositions et considérations politiques, voulut s'acquitter avec une exactitude scrupuleuse envers moi.

Les éloges que Walter Scott veut bien me donner ici prouvent eux-mêmes ses sentimens hostiles contre l'empereur Napoléon et tout ce qui porte son nom.

Il dit *que je ne différais de sentimens avec mon frère que par rapport au système con-*

tinental. Le résultat d'une telle assertion serait trop à mon détriment, pour que je ne la relève pas.

Les reproches ou les critiques que l'on peut adresser à un héros qui fit tant de grandes choses, dont la mémoire sera par elle-même immortelle, abîmeraient totalement le nom et la mémoire d'un homme tel que moi, qui bornai ma gloire à éviter le mal et à faire quelque bien. Mais Walter Scott ne veut pas me laisser ce faible partage, et ne consent à quelque louange que lorsqu'elle peut nuire à mon frère : on me permettra donc de la repousser.

Ce n'est pas seulement sur le système continental que nous différions d'opinion, mais encore sur tout ce qui concernait la Hollande, sur la conscription, sur la religion, sur la guerre, sur le commerce, etc. Peut-être me trompais-je ; mais ce qui me semble prouvé par l'expérience, c'est que si mes opinions avaient été suivies, Napoléon serait encore sur le trône.

J'avais voulu, puisqu'un grand Etat doit nécessairement exercer une grande influence sur
les autres, que cette influence fût le résultat de
l'amitié, des bons traitemens, de l'inclination
réciproque, et de la bienfaisance du plus grand
envers le plus petit, afin que l'intérêt de celui-ci
se trouvât d'accord avec son inclination.

Je détestais, à l'égal de tout autre, le fana-
tisme, l'intolérance, les préjugés; mais je n'au-
rais voulu de réformes sur l'article de la religion, le plus essentiel de tous, qu'avec le
consentement de l'Eglise et de son chef; je
pensais que jusque-là tout homme de bon sens,
et surtout le chef de l'Etat, devait donner
l'exemple d'une obéissance aveugle aux règles
établies.

J'avais tort sur la guerre et la conscription,
puisque j'avoue avoir, à cet égard, depuis l'enfance, des idées exagérées, que malheureuse-
ment l'expérience, loin de détruire, n'a fait que
confirmer.

J'ai été aussi enthousiaste et joyeux qu'un autre après une victoire ; mais j'avoue aussi que, alors même, la vue d'un champ de bataille m'a fait non-seulement horreur, mais même soulevé le cœur ; et qu'à présent que je suis si avancé dans ma vie, je ne conçois pas plus qu'à quinze ans comment des êtres qui se disent raisonnables, et qui sont si provisoires, peuvent employer cette courte existence non à s'aimer, à s'entre-aider, à la passer le plus doucement possible, mais ne paraissent au contraire que pour se détruire, comme si le temps ne prenait pas lui-même ce soin avec tant de vitesse !

Ce que je pensais à quinze ans, je le pense encore : *La guerre et la peine de mort que la société s'attribue, ne sont que la barbarie organisée, qu'un héritage de l'état sauvage, déguisé ou orné par d'ingénieuses institutions et une fausse éloquence.*

Je partageais les idées justes des Hollandais sur le commerce et les droits des nations ; je voulais la liberté du premier, et le faciliter par tous les moyens possibles, mais justes. Je pensais, quant au second, que l'amitié et les traités devaient être basés sur une utilité réciproque, sans considérer la différence de force et de puissance des parties contractantes.

Tome VII, page 175. — « Ce ne fut donc ni l'intérêt » ni l'honneur de la France qui portèrent Napoléon à faire » la guerre à Alexandre ; mais Napoléon ne put résister » au desir de livrer une grande bataille pour gagner une » grande victoire, d'occuper avec ses armées victorieuses » une autre grande capitale, et enfin de subjuguer la » Russie, qui, seule de tous les États du continent, s'était » maintenue indépendante de la domination française. »

L'attaque de la Russie était si hasardeuse, que je ne puis concevoir comment l'empereur Napoléon s'y décida. Je puis me tromper, mais je suis intimement convaincu que cette entreprise gigantesque, de même que les affaires d'Espagne, l'envahissement de la Hollande, et celui des Etats de l'Eglise, furent des piéges dans lesquels on l'entraînait à l'aide de son amour ex-

trême pour la gloire, et d'une passion tout
aussi démesurée pour la grandeur et la suprématie de la France.

Je l'avais averti depuis de longues années que
les deux classes d'ennemis, dont l'une et peut-
être toutes les deux étaient représentées par
Fouché, faisaient des ponts d'or à ses frères
pour les éloigner, et isoler Napoléon, afin d'a-
voir plus de facilité pour poursuivre leurs attaques lentes et graduelles contre son pouvoir et
sa gloire. Cependant dans cette campagne il
s'est surpassé lui-même.

Quel que soit le talent du jeune et brillant
Ségur, officier chéri et toujours distingué par
Napoléon, qu'il a long-temps suivi comme son
maréchal-des-logis, c'est-à-dire à peu près
comme son aide-de-camp, le livre même de M. de
Ségur prouve contre l'intention de l'auteur,
puisqu'il fait voir que presque tous les généraux étaient découragés et effrayés d'une si

grande entreprise, et que Napoléon seul ne va-
ria jamais.

C'est un spectacle inouï dans l'histoire, que
celui d'une armée luttant dans l'immensité des
déserts contre toute la nature, contre d'innombrables ennemis qui l'entourent de tous côtés,
et contre toutes les souffrances et toutes les
privations.

C'est un spectacle plus grand encore, que celui d'un chef qui, par la force de son caractère,
son activité et son génie, parvient à se tirer de
ces immenses dangers. Non, une telle âme n'a-
vait perdu ni ses facultés, ni son génie; et
ceux qui l'en accusent sont aussi injustes qu'in-
conséquens, puisqu'ils nous le font voir sorti
de ces périls après avoir, seul, persisté dans la
première idée de son entreprise, avoir combat-
tu les opinions contraires, et n'être pas abattu
par des revers presque au-dessus de l'humanité.
Les pertes qu'il fit sont prodigieuses; mais il y
a quelque chose de plus prodigieux encore, et

c'est la manière dont l'armée française se releva de la plus effroyable des catastrophes dans les plaines de Lutzen et de Bautzen, où de nouvelles légions de conscrits, non-seulement résistèrent mais vainquirent les vieilles légions de la Russie et de la Prusse, et une cavalerie innombrable, et où Napoléon suppléa à la perte presque totale de son artillerie de campagne et de sa cavalerie, par de lourdes pièces de siége. Que le professeur auteur de l'histoire d'Italie de 1789 à 1814, que le célèbre auteur des romans historiques et tant d'autres écrivains qui, dans leurs écrits, vont jusqu'à donner des leçons de tactique au plus grand tacticien connu depuis que le monde existe, reprochent à un tel homme d'avoir perdu la raison et le traitent de Jupiter Scapin; pour moi, je pense, et bien d'autres seront de mon avis, que de semblables écrits prouvent bien plutôt que leurs auteurs ont perdu le sens, ou qu'ils écrivent sous l'influence, peu honorable, de l'inimitié et de l'envie.

Je suis loin, comme on le voit, d'approuver l'expédition de Russie; mais il faudrait être aveuglé par l'animosité, pour ne pas convenir que la résistance au prodigieux accroissement de cet empire, et à une influence gigantesque qui menace toute l'Europe, est une pensée des plus grandes, des plus politiques et des plus généreuses. De jeunes officiers russes, que j'eus occasion de rencontrer aux bains de Marienbad, en Bohême, disaient dans leur langage jeune et imprudent peut-être, mais chevaleresque et vrai : *C'est nous qui sommes les Romains d'à-présent.* Qu'on se figure les Russes maîtres de Constantinople, et qu'on ose soutenir qu'ils ne le seraient pas de toute l'Europe, non dans l'avenir, mais presque immédiatement, puisqu'ils auraient une suprématie incontestable et sur terre et sur mer. Dès que Constantinople serait au pouvoir du grand empire du Nord, qui naturellement exercerait une grande influence sur la Grèce, la puissance anglaise sur mer devrait bientôt lui céder; et cela est très-facile à prouver, maintenant que les exploits maritimes, ou, pour mieux dire, les prodiges des Hellènes sur de faibles barques et de légers brûlots, donnent la mesure de ce que feraient bientôt ces mêmes hommes s'ils faisaient partie de la marine d'un grand empire. L'expédition de Russie, pour être audacieuse, gigantesque, imprudente peut-être, sans le rétablissement de la Pologne et son aide, n'en était pas moins une idée grande, héroïque, et profondément politique.

Il est impossible que Napoléon n'ait pas pensé que, s'il parvenait à restreindre la puissance colossale de cet empire, ou du moins à empêcher son accroissement, la Pologne se serait reconstituée naturellement ; et dès-lors cela le justifierait d'avoir cédé aux égards qu'il devait à l'Autriche, en ajournant le rétablissement du royaume polonais.

Tome VII, page 192 *et suivantes.* — Tout ce que l'auteur rapporte ici des relations de la Suède avec la France fût-il vrai, l'empereur

Napoléon serait justifié de son ressentiment et de ses présages par les événemens qui suivirent.

Je ne prétends pas blâmer la conduite du prince royal de Suède, puisqu'en quittant la France il brisa tous ses nœuds avec elle, comme il le prouve par sa correspondance; je ne prétends pas non plus appuyer mes reproches sur ce que le prince royal de Suède était allié à notre famille: qui ne sait combien ces liens de famille et de parenté sont de peu de poids dans les relations politiques?

Le passage suivant renferme des assertions aussi fausses que calomnieuses.

Tome VII, page 193. — « Mais il paraît que ce n'était » pas du caractère de Bonaparte, qui, s'il se rappelait les » bienfaits, avait ce souvenir profond des injures, qui est » particulier, dit-on, aux habitans de la Corse. Quand ce » sentiment dominait dans son âme, il n'était que trop » disposé à sacrifier sa politique à sa vengeance, etc. »

Si tel avait été réellement le caractère de Napoléon, n'aurait-il pas eu les moyens d'empêcher le prince royal de Suède d'accepter le haut rang auquel il était appelé? Sacrifiait-il sa politique à sa vengeance, celui qui, après s'être emparé si souvent des capitales ennemies, les restituait intactes; celui qui, à l'époque de son mariage, sacrifia ses affections et fit asseoir sur le trône qui luï avait coûté tant de travaux et de victoires, la fille de son ennemi; celui enfin qui, trahi une seconde fois par la fortune, alla chercher un asile et s'abandonna au plus ancien, au plus puissant, et au plus acharné de ses ennemis? Il méritera bien plutôt de la postérité le reproche d'avoir été trop facile après la victoire.

Tom. VII, pages 194 *et suivantes.* — Tout ce que l'auteur dit relativement aux mauvais traitemens envers la Prusse, etc., principalement sur les mauvais procédés dont l'incomparable reine de Prusse fut l'objet, est juste; je ne prétends point que Napoléon fût sans passions;

les grands hommes, quelque grands qu'ils soient, ont des torts, des erreurs et des fautes à se reprocher, puisqu'ils sont hommes; ceux qui s'en croient entièrement exempts ne sont jamais moins au-dessus de l'humanité que lorsqu'ils élèvent cette prétention ridicule. La Prusse est l'amie et l'alliée inséparable de la France. Quand la politique est juste elle ne saurait vieillir.

Tome VII, page 256. — Le non-rétablissement de la Pologne est, selon moi, l'une des principales causes des malheurs de Napoléon; et, s'il est vrai qu'après ses relations récentes avec l'Autriche, ce rétablissement était impossible, puisqu'il aurait eu le résultat infaillible d'armer contre lui son beau-père, il n'en est pas moins vrai que cette question était intimement liée à celle de l'expédition de Russie, impossible sans la base de la Pologne et l'aide de sa brave armée, accoutumée au climat rigide du Nord.

Tome VII, page 267. — « Chacun semble avoir remar-
» qué une lenteur extraordinaire dans les mouvemens de
» Napoléon à cette occasion importante; et Ségur l'at-
» tribue à un dépérissement physique prématuré, dont
» pourtant on ne voit aucune trace dans les campagnes de
» 1813 et 1814. »

Comment se fait-il que l'auteur anglais soit ici plus juste envers Napoléon qu'un général de son état-major? L'auteur convient ici de ce que j'ai remarqué plus haut, savoir : l'inconcevable accusation contre les facultés intellectuelles de Napoléon, dans une circonstance où il montra tant d'énergie et de persévérance, et lorsque non-seulement il sut résister, et se tirer des plus épouvantables revers qu'on puisse imaginer, mais encore s'en relever avec un éclat surprenant.

Dans une opération aussi gigantesque que l'attaque de la Russie, dans un plan de campagne le plus audacieux, une prudence, une lenteur extraordinaires étaient de toute rigueur. Comment donc un officier-général, un élève, pour ainsi dire, de Napoléon, a-t-il pu criti-quer le séjour de Wilna et la lenteur *extra-ordinaire* des mouvemens de Napoléon dans cette circonstance?

Plût au ciel que cette lenteur eût été portée au point de ne pas permettre à la grande armée de dépasser le Niémen pour cette campagne! mais l'inconvénient principal pour Napoléon, comme général de la grande armée, était la né-cessité de ne pas prolonger trop long-temps son absence de Paris, et par conséquent de termi-ner la campagne au plus tôt; et c'était là un autre motif impérieux pour ne pas hasarder une expé-dition aussi lointaine.

TOME VII.

SECONDE PARTIE.

Page 104. — « Napoléon arriva à Paris le 18 décem-
» bre 1812, dans la soirée. Cette ville était depuis deux
» jours dans une agitation causée par la réception du
» vingt-neuvième bulletin, dans lequel, avec une sorte de
» répugnance, l'Empereur levait le voile qui cachait tous
» les désastres de la guerre de Russie. »

L'auteur sera certainement seul de son avis,
en ne rendant pas justice à la grandeur, à la
simplicité, à la franchise du vingt - neuvième
bulletin, où le plus épouvantable des désastres
est raconté d'une manière sublime.

Ce n'est pas de l'histoire que l'on écrit, lorsque, comme l'auteur, l'on emploie son talent à altérer la vérité, et à dénigrer à ce point non-seulement les actions, mais même les écrits de celui dont on se dit l'historien.

Ce n'est pas avec répugnance que le vingt-neuvième bulletin est écrit, mais avec une profonde résignation et une noble franchise dignes de l'événement.

Si l'auteur a voulu dire qu'il répugnait à Napoléon de raconter ses désastres, cela serait assez naturel ; mais cela serait aussi injuste que faux, puisque ses ennemis mêmes ont reproché trop de naïveté à ce bulletin, et se sont écriés : *A quoi bon affliger et effrayer aussi profondément toute la nation ?*

Tome VII, 2ᵉ partie, pages 122 *et suivantes.* — L'auteur donne ici une libre carrière à son ressentiment contre l'Empereur et la France, en exagérant encore les désastres de la campagne de Russie, si pénible non-seulement pour tout Français, mais pour tous ceux qui portent un cœur humain : il élève la perte de la grande armée à deux cent cinquante mille hommes, non compris les prisonniers, et il n'est que trop vrai que la plupart étaient Français. Si quelque chose pouvait consoler d'un si grand malheur, c'est la conviction irrécusable que nul homme de la grande armée n'aurait dû en échapper.

L'auteur se donne beaucoup de peine pour prouver que la rigueur extraordinaire de l'hiver n'a pas été la principale cause de l'épouvantable catastrophe. Il plaisante sur les neiges, auxquelles il croit ou feint de croire que le vingt-neuvième bulletin attribue le désastre : cependant ce n'est pas seulement à la neige, mais encore à un froid de trente degrés. D'ailleurs, ne voyons-nous pas souvent dans les hivers rigoureux au nord de la France, où le froid est peu vif en comparaison de la Russie, ne voyons-nous pas, dis-je, souvent des voyageurs périr sous la neige ? Comment peut-on nier que la rigueur extraordinaire de cet hiver fut la cause du désastre, quand les chevaux périrent presque tous dans une nuit, que par conséquent l'armée se trouva sans artillerie et sans cavalerie ; quand des corps entiers se roidirent et tombèrent sans pouvoir faire usage de leurs armes ?

Tome VII, 2ᵉ partie, page 132. — « Quelle fut la cause » d'une catastrophe si malheureuse ? Une erreur morale » change la sagesse de Napoléon en folie, etc.

L'auteur n'a pas le mérite de la nouveauté dans cet outrage ; et ce qu'il y a de plus pénible, c'est que des écrivains français ont pu se rendre coupables de répéter une accusation aussi ridicule. Quoi ! celui qui se précipita sur son gigantesque adversaire, à la tête d'une armée innombrable, et sut la conduire à six cents lieues de son pays ; qui battit toutes les armées de son ennemi, détruisit sa capitale, ou fut cause de sa destruction, comme s'exprime Walter Scott lui-même, un tel homme avait perdu le sens ? N'est-ce pas plutôt celui ou ceux qui imaginèrent une calomnie si bien démentie par l'activité, l'énergie et le génie dont Napoléon ne donna jamais de plus grandes preuves ?

'Qu'on me permette ici de répéter ce que j'ai déjà dit : L'expédition de Russie, jugée d'après les règles ordinaires, était d'une hardiesse fabuleuse, principalement sans la base de la Pologne ; et lorsque l'on considère la formation de la grande armée, composée de tant de nations différentes ; lorsque l'on songe encore que Napoléon, presque seul, persista dans son projet, qu'il sut concevoir et exécuter, malgré tous les obstacles, toutes les oppositions et le découragement d'un bon nombre de ses plus vaillans officiers, l'on s'étonnera comment il réussit à envahir une grande portion du vaste territoire de la Russie, et pénétra jusqu'à la capitale de cet empire. Malgré toutes les critiques, quoi qu'en disent les historiens ennemis, sans les dégâts extraordinaires de l'hiver, la grande armée serait rentrée sur les frontières de la **Po**-logne, se fût cantonnée et établie sur cette ligne, et eût menacé de nouveau et d'une manière plus définitive l'empire russe dans la campagne suivante.

Tome VII, 2ᵉ *partie*, *page* 141. — « Pendant la longue » absence de Napoléon dans son expédition de Russie, il » se forma un complot qui servit à montrer le peu d'atta- » chement qu'avait la nation pour le Gouvernement impé- » rial, les faibles moyens qui avaient suffi pour le ren- » verser, et le peu d'intérêt qu'aurait excité une nouvelle » révolution. »

Je ferai deux observations sur cet article :

1.º Je suis persuadé que cette conspiration fut l'ouvrage de la faction jacobine, qui était toujours aux aguets, pour profiter des chances favorables : cette opinion me semble confirmée par tant d'aveux échappés dans les mémoires de Fouché.

2.º La fausseté des sentimens que l'auteur

anglais attribue à la nation, à l'égard de Napoléon, est prouvée par le peu de succès de cette
conspiration quand il était, non-seulement ab-
sent, mais à une distance si considérable de la
France, ainsi que ses armées; elle est prouvée
encore par le retour de l'île d'Elbe au mois de
mars 1815. Je pense que tous ceux qui d'après
cela nieront l'attachement de la nation pour
l'Empereur, pourraient tout aussi bien nier la
clarté du jour.

Tome VII, 2ᵉ *partie, page* 153. — L'auteur répète ici les fausses assertions des libellistes sur les mauvais traitemens personnels que le Pape essuya de la part de l'empereur Napoléon ; et voici cependant ce que
je puis affirmer :

Je connaissais le pape Pie VII. Depuis son
voyage à Paris, en 1804, et depuis lors, jusqu'à sa mort, je n'ai cessé de recevoir de la
part du vénérable pontife des marques, non-

seulement de bienveillance, mais même de confiance et d'affection.

Depuis l'année 1814, j'habitais Rome; j'avais souvent l'occasion de le voir, et je puis affirmer que dans le plus grand nombre de mes entrevues avec Sa Sainteté, elle m'a assuré qu'elle avait été traitée par l'empereur Napoléon avec tous les égards personnels qu'elle pouvait desirer. Voici ses paroles :

« *Personalmente non ho avuto di che do-*
» *lermi; non ho mai mancato di nulla; la*
» *mia persona fu sempre rispettata e trattata*
» *in modo da non potermi lagnare.* »

« *Je n'ai pas à me plaindre personnelle-*
« *ment; on ne m'a jamais laissé manquer*
» *de quelque chose que ce soit; ma personne*
» *fut toujours respectée et traitée de manière*
» *à ne pouvoir me plaindre.* »

Tome VII, 2ᵉ partie, page 213. — « Hélas! dit Augereau

» à Fouché, combien les deux batailles de Bautzen et de
» Lutzen, dont on fait tant de bruit à Paris, ressemblen[t]
» peu à nos victoires d'Italie, quand j'enseignais à Bo-
» naparte l'art de la guerre, dont il a abusé! »

Si le but de dénigrer la gloire de Napoléon n'était visible depuis le commencement de cet ouvrage, on en aurait ici une preuve évidente. Sans doute que la calomnie est une attaque aussi adroite qu'efficace, et qu'il reste toujours quelque chose de son passage ; mais celle-ci est par trop ridicule. Si Augereau avait dit une telle sottise, il se serait donné gratuitement un double brevet d'inepte et de ridicule. Augereau n'a connu Napoléon que lorsque celui-ci était son général en chef; et certes, Napoléon a assez prouvé qu'il avait fini son cours d'études militaires alors qu'il commença ses campagnes d'Italie.

Les batailles de Lutzen et de Bautzen sont au moins aussi mémorables que les premières d'Italie aux yeux des militaires, et peut-être plus encore, si l'on songe à la composition de l'armée française de conscrits, de troupes de marine, et de dépôts, au défaut de cavalerie et d'artillerie de campagne, à la valeur que Napoléon y déploya : il suppléa à tout à force de génie et de zèle.

Tome VII, 2ᵉ *partie, page* 223.—« Mais il arriva mal-» heureusement que Napoléon, qui en général tenait for-» tement à ses opinions, s'imagina qu'il ne pouvait couper » ce mât » (l'auteur fait allusion ici aux conditions qu'on lui imposait pour la paix avant que les alliés passassent le Rhin), « sans abaisser en même temps le pavillon qu'il y » avait cloué. »

L'auteur doit convenir que la suite a trop bien démontré combien cette opinion de Napoléon était fondée. J'avoue avoir, à cette époque, prêché pour la paix, à quelque prix que ce fût, et avoir fait tous mes efforts, quelque faibles qu'ils fussent, pour y décider Napoléon : mais j'avoue également que j'étais intimement convaincu alors que c'était la paix que l'on voulait réellement, tandis que la suite des évé-

nemens a prouvé que c'était la perte de Napoléon que l'on desirait, et l'abaissement de la
France; et il était permis à celui-là de persister
dans ses opinions, dès qu'il était convaincu du
véritable but des ennemis. Cependant ceux-ci
ont travaillé malgré eux à la gloire de Napoléon,
en s'obstinant à l'arracher à la France : par-là
ils se sont montrés convaincus que la conservation de l'un était incompatible avec l'abaissement de l'autre.

TOME VIII.

Page 23. — « Une grande partie de la population de la
» France était mécontente du gouvernement de Bona-
» parte. »

L'auteur nous donne ici une idée juste de
son amour pour la vérité, et du cas qu'il fait de
tous ses lecteurs, au souvenir desquels le retour de l'île d'Elbe témoigne assez du ridicule
d'une telle assertion.

Page 91 *et suivantes.* — « Augereau fut obligé d'aban-
» donner le pays de Gex et la Franche-Comté, et de re-
» tourner sous les murs de Lyon. Napoléon ne fut pas plus

» indulgent pour celui qui fut son ancien compagnon et
» son maître, etc. »

Le soin que l'auteur prend de répéter cette ineptie est une nouvelle preuve du but calomnieux et diffamatoire de ce livre. Il serait curieux que l'auteur voulût bien, dans une nouvelle édition, nous faire connaître les motifs d'une telle opinion. Augereau était sans doute un bon général; mais il s'était perfectionné à l'école de Napoléon, et il était inférieur à Masséna, à Desaix, à Kléber, à Soult.

Tome VIII, pages de 147 *à* 161 *et suivantes.* — Tout ce que l'auteur rapporte à l'occasion de la marche des alliés sur Paris, est peu digne de l'histoire, à part même les comparaisons, les plaisanteries dont il égaye son sujet: son exagération et ses comparaisons triviales peuvent être bien placées dans les tavernes d'un roman, mais elles me semblent plus que déplacées dans une histoire.

Je me permettrai de m'inscrire en faux contre

les principes et les leçons de tactique qu'il donne même à Napoléon. Les manœuvres de celui-ci, dans les campagnes de France, sont peut-être ce qu'il a fait de plus grand, ou du moins de plus savant, même au dire de ses ennemis. Si sa dernière manœuvre a manqué, c'est parce que Paris n'était pas en état de résister, et que Napoléon n'avait pas jugé convenable d'armer sa nombreuse population. Il n'avait pas même distribué les armes qui se trouvaient dans l'arsenal de Vincennes: trente mille fusils furent trouvés quand ils n'étaient plus nécessaires. Mais si cette dernière manœuvre eût réussi, il est incontestable que les alliés, aventurés jusqu'à Paris, ayant à combattre l'armée que cette capitale pouvait et devait renfermer en son sein, ayant derrière eux Napoléon et la grande armée flanquée par les populations guerrières qu'ils avaient traversées, eussent été entièrement perdus, tous eussent été ou tués ou pris.

Voici comment sir Walter Scott s'exprime :

Tome VIII., pages 146 et 147. — « La tactique de l'Au-
» triche étant littéralement celle de l'ancienne école, elle
» regardait son armée comme tournée toutes les fois
» qu'une division française occupait un poste placé entre
» ses troupes et ses alliés. Cela est, sans contredit, vrai
» dans un sens; mais il est également vrai que toute la
» division placée de cette manière est elle-même dans le
» cas de pouvoir être tournée, si les divisions ennemies
» entre lesquelles elle se trouve, savent combiner leurs
» mesures pour l'attaquer. Prendre trop promptement
» l'alarme, ou regarder comme irréparables les suites d'un
» tel mouvement, c'est donc le pédantisme de la guerre,
» mais ce n'en est pas la science. »

Qu'il me soit permis de dire à l'auteur, peut-
être avec trop de hardiesse, mais avec tout le
fondement possible, que son opinion, à cet
égard, peut bien être de la pédanterie, mais
n'est et ne fut jamais conforme à la science de
la guerre. La tactique autrichienne, comme
toutes les tactiques anciennes et modernes,
ont toujours considéré, avec raison, une armée
tournée en grand danger; mais on n'appelle pas
une armée tournée, celle dont une division ennemie menacerait le flanc en se plaçant elle-

même au milieu des troupes ennemies; c'est cette division attaquante qui serait tournée, et en danger, et non l'armée opposée. J'ose dire que jamais on ne peut prendre trop promptement l'alarme quand on est réellement tourné, et que si l'on peut remédier au succès d'une telle manœuvre, ce n'est qu'en exerçant la plus grande vigilance et en s'en apercevant de bonne heure.

Il semble que l'école militaire de sir Walter Scott veuille donner des leçons de tactique aux deux parties belligérantes.

Tome VIII, page 207. — « La plupart de ces bandits » (c'est le peuple de Paris que l'auteur appelle ainsi) « étaient » sous l'influence de Bonaparte, et ils étaient stimulés par » les divers artifices qu'employaient ses agens, etc. »

On a vu, au contraire, qu'il n'avait pas voulu distribuer les armes aux faubourgs, et c'est peut-être à cette prudence intempestive que sont dues l'entrée des alliés à Paris et ses suites !!!

Tome VIII, page 231 *et suivantes.*—L'auteur se donne ici beaucoup de peine pour établir les droits du Sénat à prononcer la déchéance, et cette opinion de l'auteur est digne du reste de son ouvrage. Quoi donc! un Sénat *conservateur*, institué par la constitution de l'empire qu'il devait conserver et garder, pouvait le détruire! Un corps dont tous les membres avaient été nommés par l'Empereur, qui jusqu'à la veille lui avaient prêté serment de fidélité, avait droit non-seulement d'y manquer, mais encore de renverser l'Empereur et le trône! eux qui, prodigues de complaisances et de flatteries, n'avaient jamais élevé la voix une seule fois pour faire la moindre observation sur le gouvernement impérial!

Ces assertions sont si fausses et si ridicules, qu'elles ne méritent pas d'être réfutées sérieusement.

Tome VIII, page 246. — « Or, toute obligation légale » peut être annulée de la même manière qu'elle a été for- » mée » (dit Walter Scott).

Je conviens de ceci; mais est-ce que l'Empereur avait reçu la couronne par un *sénatus-consulte* du Sénat qui fut formé en même temps que lui? Où et comment les votes furent-ils ouverts pour la déchéance, ainsi qu'ils l'avaient été pour l'érection de l'Empire?

Il faut passer à l'auteur des comparaisons et des invectives par trop triviales. Il est difficile de concilier l'esprit de ce volumineux libelle avec les phrases qui échappent à l'auteur comme malgré lui, telles que les suivantes :

Tome VIII, page 242. — « On ne pouvait oublier tant
» de victoires remportées sur les ennemis extérieurs, l'ex-
» tinction des dissensions intestines, la sécurité des pro-
» priétés, et même pendant quelque temps la liberté per-
» sonnelle. Napoléon avait fait passer la France d'un état
» de division et de faiblesse, et de tous les maux d'une in-
» vasion prochaine, à celui de maîtresse de l'Europe. Ce
» service justifierait peut-être le parti qu'on avait pris de
» confier l'autorité à des mains si habiles, et servirait d'ex-
» cuse aux moyens que Napoléon avait employés pour
» l'obtenir, surtout à une époque où les changemens vio-

» lens et successifs qui avaient si long-temps agité la
» nation, l'avaient rendue insensible aux irrégularités du
» genre de celles de la révolution du 18 brumaire. ....
» ....
» Bonaparte était debout sous le dais; il tenait le sceptre
» d'une main ferme; on regardait comme tout naturel
» qu'il s'assît sur le trône.............................
» ....
» On passait encore en revue cette suite d'années dont l'é-
» clat sans tache charme la raison et la réduit au silence:
» C'est alors que les entreprises de l'Empereur se suc-
» cèdent d'une manière merveilleuse; chacune d'elles vient
» contribuer à l'érection de cette colonne triomphale de
» la conquête, etc. »

L'auteur se montre ici historien dans son style, et rend hommage, malgré lui, à la vérité, comme à celui qu'il dénigre avec tant d'acharnement dans le reste de son livre.

Tome VIII, page 244. — « Ce sont les victoires de la
» France qui lui ont attiré la haine de l'Europe, et pres-
» que une banqueroute nationale. »

Je pense que tout lecteur impartial, et la

postérité surtout, prendront acte des vérités contenues dans les citations précédentes, en même temps qu'ils s'étonneront du singulier reproche, *que les victoires de la France ont presque causé une banqueroute nationale;* tandis que Napoléon laissa, lors de son abdication, le trésor comblé d'or et d'argent, et que l'on sait les sommes énormes que le trésor public a payées.

Tome VIII, page 266. — «Non, non (s'écria Napoléon), » je ne veux rien avoir de commun avec la Corse.....»

De la manière dont ceci est raconté, on croirait que Napoléon faisait fi de son pays natal; mais je me permettrai une interprétation plus naturelle et plus conforme au caractère de Napoléon, et c'est qu'après son abdication il ne lui convenait pas de rester sur le territoire français.

Tome VIII, page 281. — « Napoléon emportait avec lui » à l'île d'Elbe l'exécration prononcée d'un grand nombre

» de ses anciens sujets, qui refusaient de regarder son hu-
» miliation actuelle comme une compensation suffisante
» de ce qu'il leur avait fait souffrir pendant le cours de sa
» puissance. »

Ou l'auteur se joue de ses lecteurs, ou il a perdu la mémoire, puisqu'il semble avoir oublié le retour triomphal de Napoléon de l'île d'Elbe, quelques mois après, sans qu'il fût brûlé une amorce. Ce retour, que l'on peut presque nommer miraculeux, démontre assez la fausseté et la niaise méchanceté de la citation ci-dessus.

Après que les alliés furent entrés à Paris, le 30 mars 1814, l'on entendait dans tout le reste de la France ce cri de désespoir : *Ce sont les trahisons qui ont perdu notre Empereur!* Les troupes alliées ont assez entendu ces plaintes et ces regrets, et ils me semblent assez concluans contre l'assertion de l'auteur.

Tome VIII, page 36o. — « Nous avons ensuite à consi-
» dérer l'état du clergé (en 1814). . . . .
» . . . .

» Cet état de choses, malheureux sous bien des rapports,
» venait d'une maxime adoptée pendant la révolution, et
» suivie par Bonaparte, qui avait ses raisons pour craindre
» l'influence du clergé. Il ne s'agit pas de détruire les
» prêtres par la violence, disait-il, mais nous les rédui-
» rons par la famine. »

Comment l'auteur peut-il justifier ce qu'il dit ici, quand il a été obligé d'avouer précédemment « *qu'il fallut à Napoléon toute l'in-* » *fluence de son pouvoir et tout l'ascendant* » *de son génie pour proclamer le Concordat* » *qu'il conclut avec le Saint-Siége?* » A-t-il oublié ce que lui-même a raconté précédemment des mauvaises dispositions du public pour le rétablissement de la religion, si bien prouvées par le propos du général Delmas, l'un de ses principaux généraux des plus distingués par sa valeur et ses succès? Le clergé, au contraire, dut beaucoup à Napoléon, et il le sentait, quoi qu'en dise sir Walter Scott. Sans doute que Napoléon craignait l'empiétement de son pouvoir; mais sur cet article essentiel, comme sur les principaux objets du gouvernement, Napoléon fut ce qu'il devait être : le conciliateur du passé et du présent, et le *chargé d'affaires* de l'avenir, que l'on me passe cette expression ; il devait par conséquent rétablir le culte, mais non les abus qui, ailleurs, eurent tant d'influence sur la réformation, et, en France, contribuèrent à la révolution. Il serait étonnant qu'un protestant lui fît ce reproche, si ce protestant était de bonne foi dans ce livre ; mais il prend soin de prouver le contraire à chaque page.

Comment ose-t-il écrire que celui qui rétablit le clergé, assigna des revenus aux évêques et aux autres pasteurs, et les avantagea de toutes les manières, et à cette époque, contre l'opinion publique, avait le dessein de réduire les prêtres par la famine? C'est un singulier moyen d'affamer les gens, que de les rappeler de l'exil, de les pourvoir de places et de bons traitemens!!!

Tome VIII, page 373. — « Il serait inutile de chercher

» à démontrer pourquoi l'armée française était ainsi at-
» tachée à Napoléon. On ne peut supposer qu'elle eût ou-
» blié la longue suite des succès qu'elle avait remportés
» sous sa bannière, les dotations qu'elle avait obtenues
» dans des contrées étrangères, et qui se trouvaient sup-
» primées, et le pillage qui lui avait été permis pendant
» les continuelles campagnes de l'Empereur. »

Qu'il me soit permis de rappeler à l'auteur le propos de ce grenadier français qui, se battant avec une valeur héroïque sous les murs de Paris, fut apostrophé par des ennemis qui lui crièrent : *Comment peux-tu montrer tant de courage et de dévouement pour ton Empereur, qui ne te paye pas seulement ta solde et te doit tant d'arriérés ? Eh ! que t'importe à toi* (répondit le brave), *si je veux lui faire crédit ?*

Cependant l'auteur contredit bientôt ce qu'il avance, parce que la vérité le force malgré lui à la confesser. On lit plus bas :

Tome VIII, pages 3̀73 *et* 374. — « Mais ce n'était pas

» seulement l'intérêt personnel de l'armée qui causait son
» mécontentement. Bonaparte avait inspiré à toutes les
» classes de ses sujets un sentiment d'honneur, comme on
» l'appelait, qui, pour mieux dire, n'était que la vanité de
» l'ascendant militaire et de l'agrandissement national :
» ce sentiment était surtout le partage de ses compagnons
» d'armes. Ils disaient que l'étoile de la gloire de la France
» s'était levée avec Napoléon, et s'était éclipsée avec lui
» pour toujours.

» Le dernier goujat à la suite de l'armée affectait de
» recevoir sa part de la honte nationale!!! »

Un peuple, une armée dont *le dernier goujat* montre de tels sentimens, n'est donc pas
une armée mercenaire et pillarde! Les contra-
dictions contenues dans ce livre sont trop ma-
nifestes et en trop grand nombre, pour être
toutes relevées.

CHAPITRE XIII.

Tome VIII, pages 394 *et suivantes.* —
L'auteur rassemble dans ce chapitre et détaille
les causes du retour de l'île d'Elbe.

J'ignore si les personnes auxquelles il l'attribue y eurent réellement part. Ce qui est incontestable, c'est que la cause principale fut l'attachement de la presque totalité de la nation pour Napoléon. Ceux qui peuvent le nier après la manière dont le retour de l'île d'Elbe eut lieu, pourraient tout aussi bien nier la clarté du soleil. Je l'ai dit et le répète avec assurance, Napoléon était l'homme de la nation et de l'armée : en France, l'une n'est pas différente de l'autre, et ne peut l'être, puisque l'armée, formée par la conscription, est pour ainsi dire le sang le plus pur de la nation.

L'une des principales erreurs des étrangers, et même des émigrés, fut celle de ne pas reconnaître que la nation n'était plus celle qu'on dépeignait autrefois. Sa légèreté, son inconstance prétendues, qui n'étaient que celles d'une certaine classe, s'étaient perdues dans les grandes affaires et dans les grandes commotions des trente dernières années; et tout spectateur impartial doit reconnaître que la génération actuelle est à la fois plus éclairée, plus solide et plus persévérante. La trahison et la coalition de presque toute l'Europe avaient soumis la France sans la vaincre : blessée dans son honneur, elle se trouvait envers son nouveau gouvernement, conduit et installé par les armées étrangères, comme un jeune homme qui a reçu un sanglant affront, impossible à pardonner, ou du moins d'une difficulté extrême, et possible seulement par une longue suite de bons traitemens d'amitié et de bienfaits.

Si l'on veut encore une preuve de la contradiction manifeste et presque généralement répandue dans ce livre, on la trouvera (page 458) dans la phrase suivante : *Ainsi, quoique le retour de Napoléon fût loin d'être agréable à tous les Français, toute opposition ouverte à son gouvernement cessa, et il fut reconnu comme Empereur environ vingt jours après qu'il était débarqué à Cannes.*

Peut-on concevoir que si le retour de Napo-

léon n'avait pas été agréable à la presque totalité des Français, il eût pu débarquer à Cannes
presque seul, et traverser toute la France en
triomphe, et être rétabli sur le trône en vingt
jours de marche?

Tome VIII, page 460. — « Le congrès de Vienne n'é-
» tait pas dissous lorsque la nouvelle de la fuite de Bona-
» parte de l'île d'Elbe lui fut transmise par Talleyrand,
» le 11 mars. »

Ce fut peut-être une faute de Napoléon de
ne pas attendre la dissolution du congrès: mais
pour décider de ceci, il faudrait connaître si
les circonstances permettaient qu'il prolongeât
encore son séjour à l'île d'Elbe.

Tome VIII, page 491. — « Le ministre de la police
» Fouché se ménagea, par des moyens indirects, la pos-
» session de presque tous les journaux. »

Je crois qu'une grande faute fut celle de se
confier une autre fois à Fouché dans une circonstance aussi importante; et la suite n'a que
trop prouvé la justesse de cette opinion.

Tome VIII, page 55i et suivantes. —
L'auteur raconte la bataille de Waterloo. Le
reste du volume est employé à des considérations sur les causes de l'issue de cette bataille,
qu'il attribue uniquement à ses compatriotes
et à lord Wellington.

Il est incontestable que, pour être justes,
puisque l'on attribue les revers au général en
chef d'une armée, on doit aussi lui attribuer
uniquement la victoire: cependant, à en juger
par les relations des deux parties belligérantes,
les Prussiens et les généraux Blücher et Bulow
y ont principalement contribué.

TOME IX.

L'auteur traite dans ce volume des suites de la bataille de Waterloo, de la retraite de Napoléon sur les vaisseaux anglais, de son transport à Sainte-Hélène, du séjour qu'il fit dans cette île, et de sa mort.

On me permettra de ne pas m'étendre sur ce triste sujet, à l'imitation de l'auteur anglais. Je n'ai pas eu le courage de m'appesantir sur le neuvième et dernier volume de l'ouvrage de Walter Scott, sur les injures et les ironiques justifications des mesures dont Napoléon fut la victime: la pudeur, à défaut de tout sentiment d'humanité, aurait dû l'empêcher de s'étendre avec complaisance sur les souffrances d'une agonie de six ans, supportée avec autant de grandeur que de résignation par un ennemi qui, je le répète, fut la dupe de son trop de confiance et d'abandon.

CONCLUSION.

L'ouvrage de sir Walter Scott est évidemment une attaque contre la gloire de la France et contre Napoléon. Ce vaste libelle a dû trouver et a trouvé des lecteurs, à cause du nom de son célèbre auteur. A l'aide de ce nom, et de quelques demi-éloges, on tâche de faire passer comme vrai tout ce qui peut faire tort à la mémoire de Napoléon. Il contient non-seulement des inexactitudes, des faussetés, de cruelles ironies, mais même des calomnies d'autant plus révoltantes qu'elles concernent un ennemi mort depuis sept ans, qui ne saurait inspirer ni crainte, ni haine, dans toute âme généreuse.

On trouve avec étonnement dans ce livre la substance de presque tous les libelles, pamphlets, critiques, satires, publiés en profusion depuis trente ans contre la France et contre Napoléon.

Quoi qu'il en soit, Napoléon est le plus grand homme qui ait jamais existé. Que tout lecteur impartial veuille me suivre un moment dans le court résumé de sa vie, et il en conviendra sans peine.

Napoléon naquit sous les lois françaises et sur le territoire français : élevé dans son sein, il ne connut les pays étrangers et la belle Italie, d'où sa famille tire son origine, qu'à la tête des légions immortelles de la France. Sa famille habitait une petite ville; elle était aisée, sans posséder de grandes richesses : mais ses ancêtres furent distingués en Toscane et dans la Marche Trévisane, et eurent même les droits souverains à Trévise, dans le treizième siècle.

Je suis loin d'attacher une importance majeure au hasard de la naissance : je dis seulement un fait, parce que les libellistes se sont plu à répandre des faussetés sur la nôtre. Au reste, la noblesse me semble pouvoir être comparée à l'empreinte des monnaies, qui est réelle si le métal qu'elle couvre a une valeur intrinsèque, mais qui est nulle et sans prix, si le métal est faux ou d'aucune valeur.

Il n'était pas l'aîné de sa famille, et cependant il en occupa le rang, et remplit les fonctions de chef de sa maison dès l'âge le plus tendre.

Aux écoles militaires de Brienne et de Paris, il se distingua, et jouit d'une considération extraordinaire à son âge, soit de la part de ses professeurs, soit de la part de ses camarades.

Il fallait subir deux examens pour recevoir le grade d'officier d'artillerie, et passer des écoles militaires dans un régiment : lui seul les subit tous deux à la fois, et est reçu d'emblée, de la manière la plus brillante, à dix-sept ans, soit au régiment de La Fère, soit au régiment de Grenoble, dans lesquels il servait avant la révolution; il y jouit d'une considération particulière fort au-dessus de son âge.

Je ne m'arrêterai pas à la misérable assertion que Napoléon courut le risque d'être jeté dans la rivière par ses camarades : loin de là, ce sont eux qui le sauvèrent, un jour qu'une crampe l'ayant surpris en nageant, il fut en grand danger de périr.

Destiné aussi à entrer dans le corps de l'artillerie, on me faisait faire les études nécessaires; et c'est dans ce but que j'accompagnai mon frère à Auxonne, où son régiment (celui de La Fère) était en garnison.

Je me rappelle, autant que mon extrême jeunesse d'alors peut me le permettre, que mon frère parvint à la solution d'un problème proposé à tous les officiers d'artillerie, après être resté enfermé dans son appartement pendant trois fois vingt-quatre heures pour parvenir à ce but.

A l'époque de la révolution, et lorsque tout annonçait une prochaine guerre, il était à Valence, au régiment de Grenoble où il était passé par suite d'une promotion, et où je l'avais suivi. A cette époque, tous les officiers qui n'avaient pas émigré eurent la permission d'aller chez eux pour se préparer à entrer en campagne. Nous retournâmes en Corse, où bientôt après il fut élu chef d'un des bataillons de la nouvelle levée.

Une loi, qui semble faite pour lui, permet aux troupes de nouvelle levée de se choisir des chefs parmi les officiers de la ligne; accorde à ceux-ci la faculté de rentrer ensuite dans leurs anciens corps, en y conservant les grades qu'ils auront reçus dans les nouveaux.

Cette loi avait pour but d'encourager les officiers de la ligne à entrer dans les bataillons de volontaires , afin que ceux - ci pussent être promptement organisés et instruits.

Cependant elle eut une application particulière pour Napoléon , qui, appartenant au corps privilégié de l'artillerie, où l'avancement était très-lent , basé uniquement sur l'ancienneté , ne serait arrivé au rang d'officier supérieur qu'après beaucoup d'années ; tandis qu'ayant été nommé chef d'un bataillon de nouvelle levée , il rentra bientôt après au régiment de Grenoble , comme officier supérieur, à l'âge d'à peine vingt-quatre ans. Il venait alors de faire partie de l'expédition de Sardaigne (que commandaient l'amiral Truguet et le vieux général Casabianca), et commanda un corps particulier, chargé d'attaquer les îles de la Madeleine. Son attaque réussit , et il ne rentra en Corse que par suite du non-succès de l'attaque principale. C'est alors que le vieux général Paoli, commandant en Corse, livra l'île aux Anglais, et que Napoléon , fidèle à son devoir, n'ayant pu être persuadé à trahir sa patrie, revint joindre son régiment à l'armée d'Italie, dont le quartier-général était à Nice, et y conserva son grade de lieutenant-colonel.

Peu de temps après, au retour de l'inspection des différens arsenaux, dont il avait été chargé, il alla visiter sa famille à Marseille, où elle demeurait alors, et au sein de laquelle je me trouvais. Il fut retenu, et, pour me servir de l'expression du temps, mis en réquisition pour commander l'artillerie du siége voisin de Toulon, quoiqu'il ne fût que lieutenant-colonel, en remplacement du général Donmartin qui venait d'être grièvement blessé.

Je m'étonne comment sir Walter Scott non-seulement ose critiquer Napoléon, mais va jusqu'à lui donner des leçons de tactique. Comme ces leçons n'étaient pas publiées du temps de Napoléon, il n'est pas étonnant que celui-ci n'en ait pas profité. L'auteur ne saurait le lui reprocher en conscience : cependant il doit convenir que celui dont il nomme les actions, tantôt des *extravagances*, et tantôt des *effets des plus rares talens*, avait un peu plus que cela! Qu'il observe Napoléon à vingt-quatre ans, devant une place maritime occupée par une forte armée combinée, et défendue par une flotte nombreuse, à la tête de quelques corps de troupes, en partie de nouvelles levées, chassant les flottes ennemies, et s'emparant de la place avec une faible artillerie, non en ouvrant la tranchée, en suivant les longues règles de circonvallation, de tranchées, etc., qui n'étaient pas applicables à la localité, mais par un art supérieur et tout-à-fait nouveau. Son coup-d'œil d'aigle désigne le point dont la possession doit à la fois chasser les flottes, et rendre la place intenable.

Arrivé à l'armée d'Italie comme commandant de l'artillerie, il conseille le vieux général en chef du Merbion, valétudinaire, et dirige les mouvemens des troupes: la position inexpugnable de Saorgio est enlevée; Oneille, Garesio, Ormea sont occupés, la bataille del Cairo gagnée, et la route d'Italie ouverte. Mais le général en chef et les représentans, qui avaient tous les pouvoirs, s'effrayent du plan de campagne qu'il leur présente, et les succès de l'armée s'arrêtent là.

Peu de temps après, se trouvant à Paris, et appelé au secours du gouvernement, menacé par la majeure partie de la population de Paris, il commande en chef, quoique ne commandant nominalement qu'en second, et repousse toutes les attaques, et apaise la sédition.

Bientôt après, appelé au commandement en chef de l'armée d'Italie, il met à exécution le plan qu'il avait donné à du Merbion : il vainc aux mêmes lieux qu'il avait jadis désignés, sépare les armées piémontaises et autrichiennes, détache le Piémont de la coalition contre la France, envahit l'Italie, qu'il conquiert successivement, s'avance dans l'Allemagne, et parvient à forcer à la paix l'empereur dAutriche, qu'il menace dans sa capitale.

Chargé après la paix du commandement de l'armée française d'Orient, il traverse la Méditerranée à la tête d'une escadre et d'un armement considérable, malgré les escadres anglaises ; il s'empare de l'île de Malte, réputée inexpugnable, presque sous les yeux du célèbre Nelson, malgré les flottes anglaises.

Il part de Malte, traverse le reste de la Méditerranée, aborde en Egypte, et s'empare d'Alexandrie de vive force.

Peu de semaines après, il avait gagné plusieurs batailles rangées, détruit les Mamelucks et conquis toute l'Egypte.

Lorsque, loin de ses yeux, sa flotte est détruite près d'Alexandrie, que les Ottomans et les Anglais se préparaient à l'attaquer de toutes parts, il quitte l'Egypte, traverse le désert, et s'empare de toute la Syrie jusqu'à Saint-Jean-d'Acre. Là, il essuie son premier revers ; mais, loin d'en être abattu, il revient en Egypte défendre sa conquête contre une forte armée musulmane, qu'il détruit à Aboukir.

Simple général du Directoire ou du gouvernement de la France, il apprend sa détresse, et ose venir à son secours. Il traverse encore une fois la Méditerranée, malgré Nelson et les flottes anglaises, et débarque à Fréjus. Il est reçu en triomphe, et mené de même jusqu'à Paris, où il est mis à la tête du gouvernement avec deux collègues.

La France a perdu l'Italie ; les factions comprimées se réveillent ; les finances sont en détresse, le trésor est vide, le crédit perdu, le territoire menacé de toutes parts... et dans peu de semaines le trésor se remplit, le crédit revient, la nation se ranime, et les armées se recrutent et se fortifient.

Cependant les Autrichiens s'avancent sur le Var et menacent la Provence; Gênes, occupée par les Français, et défendue par le vainqueur de Zurich, l'intrépide Masséna, est pressée par les armées victorieuses de l'ennemi, maître de l'Italie entière et des nombreuses places fortes qui hérissent ce beau territoire.

Les Italiens, que la France appela jadis à l'indépendance par la voix de Napoléon, ne tournent vers elle que des regrets sans espoir. Pourrait-elle faire une seconde fois ce qu'elle ne fit, en 1796, qu'à la suite d'une série de succès extraordinaires?

Maintenant, les alliés sont sur les frontières de la France; l'Italie entière est au pouvoir des coalisés; leurs places fortes, leurs armées deux fois plus nombreuses que celles de la France, ôtent toute espérance aux Italiens. Quand même la France et Napoléon pourraient reprendre leur supériorité, qui oserait espérer qu'ils pussent reconquérir encore l'Italie et recommencer les mêmes prodiges?

Cependant Napoléon se met en campagne, et, par une conception qui dépasse celles d'Annibal et de César, il franchit les Alpes bien loin derrière l'ennemi; et tandis que celui-ci s'avance sur la Provence, Napoléon, que les Alpes, défendues par la nature et des forteresses inexpugnables, n'ont pu arrêter, occupe les vastes plaines du Piémont, oblige l'ennemi étonné de revenir sur ses pas; et dans les plaines de Marengo, dans un seul jour, malgré la chute de Gênes, que Masséna a défendue contre tout, excepté contre une disette absolue, il remporte la victoire éclatante de Marengo sur Mélas, l'oblige à capituler, et conquiert en un seul jour toutes les places fortes du Piémont, dont une seule pouvait occuper son armée pendant plusieurs campagnes.

Plus tard, lorsqu'une nouvelle coalition se forme, il passe le Rhin, s'empare de l'Alle-

magne et de Vienne, capitale de l'Autriche, et
conquiert la paix, après avoir battu les armées
réunies de la Russie et de l'Autriche à Austerlitz.

L'année suivante, menacé par la puissante
et guerrière monarchie de la Prusse, il marche;
et, dans un seul jour, à Jéna, il détruit les armées de Frédéric, et s'empare de la monarchie
et de la capitale.

Deux ans après, une autre coalition se forme
encore, et, quoiqu'il soit au fond de l'Espagne
avec ses vieilles légions, il accepte le défi de l'Autriche et vole, de sa personne, avec une célérité
prodigieuse, de Burgos à Ratisbonne; et, à la
tête d'un corps, dont les Bavarois forment la
principale force, il défait les armées autrichiennes, et s'avance sur Vienne, qu'il occupe pour
la seconde fois, et menace pour la quatrième.

Il ose concevoir la prodigieuse campagne de
Russie, et former une armée combinée pour

l'attaque de ce grand empire, avec une célérité étonnante, et parvient, sans l'aide de la Pologne, c'est-à-dire, sans l'indépendance de ce pays, et malgré tous les obstacles, à la vieille capitale de l'empire du Nord.

Lorsque, trompé également par la politique ennemie, par les flatteurs, et peut-être par de perfides suggestions, il osa séjourner sur les débris de la ville incendiée de Moscou, quel courage, quelle persévérance, quelle activité, quelle vigilance, quel génie enfin ne lui fallut-il pas, pour résister à sa position, principalement alors que tout l'attaqua à la fois?

Je le répète, pas un seul homme ne devait être sauvé dans cette épouvantable catastrophe; et quelque chose qu'on puisse dire contre Napoléon, l'on ne saurait lui refuser le mérite d'avoir pu conserver tous les fils du commandement, et d'avoir sauvé la faible partie de la grande armée qui s'est échappée, soit dans la marche jusqu'à Smolensko, soit au passage étonnant de la Bérésina.

Loin que ses détracteurs puissent l'accuser
d'avoir éprouvé de l'altération dans ses facultés
morales, on doit justement s'étonner de leur
vigueur, puisqu'elles ont suffi à une position
aussi extraordinaire.

En effet, chaque membre de la grande armée battu par les élémens, par des fatigues
inouïes, par les souffrances du corps, par des
ennemis innombrables, par des malheurs enfin
grands comme l'imagination, devait se trouver
moralement anéanti sous tant de fatalités.

Que ne devait-ce donc pas être pour celui de
qui tout dépendait, à qui tous s'adressaient,
chargé du commandement, de la direction générale, et qui, obligé de penser à tout, et de
pourvoir au mieux à tous les maux, n'avait que
les facultés physiques des autres, et éprouvait
les mêmes besoins et les mêmes souffrances ?

Je ne crois pas que l'histoire présente rien de comparable, dans ses fastes militaires, aux campagnes de Russie, ni rien qui puisse égaler la manière sublime, puisque l'expression propre me manque, dont l'armée française se releva de cette catastrophe dans les plaines de Bautzen et de Lutzen.

Qu'on se représente une armée formée à la hâte, d'enfans de dix-huit à vingt ans, et de dépôts avec quelques troupes de marine, qui n'avaient jamais servi en ligne; qu'on se la représente, dis-je, réunie et formée sous les yeux de Napoléon, et manœuvrant sans cavalerie, et avec l'artillerie lourde de siége, en rase campagne, suppléant à tout à force de zèle, de courage et de génie, arrêtant les vieilles légions du Nord, et leur arrachant la victoire.

Qu'on se représente à Dresde Napoléon trahi et entouré de tous côtés, faisant face à tout, et l'on conviendra que ce spectacle est le plus grand que présentent les annales militaires.

A Leipsick, il est vrai, il est près de succomber sous la double masse de ses ennemis qui s'accumulent, et de ses alliés qui l'abandonnent; mais il leur passe sur le corps à Hanau, et regagne une seconde fois ses frontières, comme par enchantement, et lorsqu'il aurait dû être perdu avec le dernier de ses soldats.

Qu'on l'observe pendant la campagne de France, faisant face à d'innombrables armées avec une poignée de braves, ressaisissant la victoire aussitôt qu'elle lui échappait, malgré les trahisons patentes et secrètes.

Pendant ses campagnes d'Italie, il protégea les prêtres et les émigrés; il ne voulut point détruire les petits princes que le sort de la guerre mettait en quelque sorte à la merci de l'armée, et signa avec eux des traités qui leur coûtèrent, à la vérité, des contributions et des objets d'arts, mais qui assurèrent leur existence politique, du moins pour le moment, et autant que Napoléon le pouvait.

Subordonné au Directoire, il osa résister à la fois aux ordres de celui-ci, qui aurait voulu détruire le Saint-Siége, et à une fausse gloire, en s'arrêtant à Tolentino, pour ainsi dire aux portes de Rome : il y conclut la paix avec le Saint-Siége, et le préserva alors du renversement que le Directoire effectua plus tard, lorsque Napoléon ne commandait plus en Italie.

Lorsqu'il souscrivit l'armistice de Léoben, et ensuite la paix de Campo-Formio, il dépassa ses instructions, et agit presque comme s'il était le gouvernant de la France.

Partout il se montra juste, sévère, économe, ennemi des déprédations, et l'effroi des déprédateurs. Dans les pays conquis, il fut réellement gouvernant, et y montra d'abord les talens supérieurs et le génie qu'il déploya plus tard.

Lorsqu'il parvint au consulat, ses collègues furent éclipsés, et seul il gouvernait la France.

A son avènement à l'Empire, ce n'est pas la France seulement qu'il gouvernait, mais tous les pays alliés, et son influence s'étendit bientôt sur toute l'Europe, et même au-delà.

On voit par-là qu'il fut de bonne heure une exception à la règle commune. L'on peut affirmer sans exagération qu'il naquit avec l'instinct du commandement et de la supériorité.

Le caractère de Napoléon s'annonça dès l'enfance tel qu'il fut, et ne se démentit jamais; il était surtout éminemment Français; peut-être poussa-t-il cette affection à l'extrême.

Il aima sans doute la gloire avec passion. On peut lui faire des reproches qu'Alexandre, Charlemagne et tant d'autres héros ont mérités bien davantage. D'ailleurs, il s'est expliqué lui-même à cet égard d'une manière précise, et tout autre que lui ne pouvait répondre et le justifier à cet égard; mais il sera avéré, tant aux yeux de ceux qui l'ont connu, qu'à ceux qui jugeront sa mémoire avec impartialité, que nul, parmi ceux de qui dépendirent les destinées des nations, ne fut moins vindicatif et moins cruel.

Il était sobre, et n'avait que de nobles passions. C'est en vain qu'on s'arrêterait sur les horreurs dont on a voulu entacher ses mœurs : quand ces sortes d'inculpations reposent uniquement sur des propos et des sarcasmes de libelles, elles peuvent bien être l'apanage de ces écrits éphémères ; mais elles ne sont point du domaine de l'histoire.

Ce qui est incontestable, c'est qu'époux d'une première femme beaucoup plus âgée que lui, il vécut maritalement avec elle dans la plus grande harmonie, jusqu'au dernier jour de leur union, sans lui donner aucun sujet de plainte.

Ce qui est incontestable encore, c'est qu'on n'a à lui reprocher ni aucune maîtresse en titre ni aucun scandale, et que, marié en secondes noces à l'âge de quarante-deux ans , il fut, pour sa seconde épouse, d'une courtoisie, d'une amabilité, d'une grâce parfaites, et que ces soins ne se démentirent jamais.

Il faut rappeler ici , en réponse à l'accusation de Walter Scott sur l'égoïsme de Napoléon, ce qui se passa lors de la naissance de son fils , quand le célèbre Dubois lui fit le rapport que les circonstances graves de l'accouchement mettaient en danger et la mère et l'enfant, et qu'il fallait se résoudre à perdre l'un ou l'autre. Il répondit : *Sauvez la mère avant tout.* Cette conduite n'est-elle pas un démenti assez formel donné d'avance à l'auteur?

Ses chasses ne furent jamais nuisibles au public ni onéreuses. Le luxe même de sa cour avait pour but principal l'avancement des arts et des manufactures, tandis que la simplicité était extrême.

Son administration est admirable; elle porte

le cachet du génie, et mérite d'être aussi étudiée que ses campagnes; et ses ennemis doivent convenir qu'ils sont, malgré eux, ses élèves.

Depuis lui, les gouvernemens ont plus d'activité et de vigilance; depuis lui, l'utilité et les améliorations sont devenues les principaux objets du gouvernement; et ses ennemis nieraient vainement qu'ils sont forcés de suivre les erremens qu'il leur a laissés.

L'on ne peut oublier qu'il est le promoteur des codes généraux et uniformes qui régissent la France. Que de difficultés ne lui fallut-il pas vaincre, d'amours-propres blessés et d'intérêts particuliers! Avec quelle persévérance n'atteignit-il pas ce but noble et généreux! Son génie se montre dans toutes ses actions, et principalement dans ces assemblées immortelles, où la réunion des hommes les plus distingués de la France en discutaient le corps des lois. Il s'en mêla comme s'il eût été un légiste consommé. Au sortir d'un cabinet, où il venait de

combiner ses plans de campagne, ou traiter les
affaires épineuses de la politique et de l'administration, il entrait au Conseil-d'État, et se
mettait au niveau des Portalis et des Tronchet.
Quels que soient les changemens de ces codes
immortels, ils ont bien pu perdre son nom;
mais il ne sortira jamais de la mémoire des
hommes qu'il en fut l'auteur, puisque si ce titre
appartient justement aux princes qui conçurent
l'idée de la collection et classification des lois,
à plus forte raison appartient-il à celui qui,
de plus, prit une part active à leur confec-
tion.

La perfection est seule à Dieu; tout mortel
qui tend vers elle est sage; mais celui qui pré-
tend y être parvenu se donne un brevet d'in-
sensé. Où est-il le héros, le conquérant sans
reproches? Titus, qu'on est convenu de comp-
ter comme le meilleur des princes, n'a-t-il pas,
ainsi que je l'ai déjà dit, la mort de plus d'un
million de Juifs à se reprocher? N'a-t-il pas
fait mettre en croix de malheureux prisonniers

aux yeux de la population de Jérusalem, plongée dans la désolation?

La guerre et les soins du gouvernement exigent non-seulement un cœur ferme, mais peu sensible, et c'est le partage des grands hommes. Pour moi, je porte peu d'envie à ceux que *l'auréole* de la gloire couronne; mais je rends justice à la beauté, à l'éclat, au mérite des grandes actions, tout en convenant que la gloire ne s'acquiert qu'au prix de choses trop pénibles, et même incompatibles avec un cœur sensible.

Que ceux qui lui reprochent d'avoir tenu les rênes d'une main trop ferme, d'avoir peu considéré les intérêts secondaires pour suivre et avancer l'intérêt général de la France, songent aux difficultés extrêmes des temps et de sa position, et principalement à la presque impossibilité d'échapper au piége de la flatterie et du double système d'intrigues intestines formées contre lui dès l'origine de sa puissance, peut-être même depuis ses campagnes d'Italie, qui la firent pressentir, et il sera pleinement justifié.

Il succomba enfin sous la trahison long-temps préparée, et les vicissitudes de la fortune, lorsque la plus hardie et la plus habile de ses manœuvres lui aurait produit la victoire la plus éclatante et la plus décisive qui fût jamais, si Paris avait pu résister quelques jours.

Il tomba, mais tout armé, mais en emportant l'estime et même le respect de ses ennemis, les pleurs de ses guerriers et les vifs regrets de la grande majorité de la nation. Peu de mois après, ces vœux et ces regrets le rappellent, et, presque seul, il reparaît sur le sol de son ancien Empire contre un roi puissant, soutenu par les droits de sa naissance et les armées de toute l'Europe. Il reparaît, et en vingt jours il est rétabli sur le trône, porté presque en triomphe et sans qu'une seule goutte de sang ait été répandue pour son rétablissement.

La coalition se reforme; il reparaît sur le champ de bataille, et la victoire ne l'accueille qu'en passant, et comme pour lui faire ses derniers adieux.

Il succombe enfin à Waterloo, et surtout à Paris, et plus encore à Rochefort, quand il prit la fatale résolution de se mettre à la discrétion de son plus puissant, mais le plus ancien et le plus acharné de ses ennemis.

Il périt après six années d'agonie, retenu à deux mille lieues de l'Europe, celui que tant de combats avaient respecté!!! Il périt, mais l'inimitié même, en l'accablant de ses derniers coups, concourt à son triomphe.

Quel plus grand aveu de l'influence de son génie et de l'amour de la France, que cette précaution de mettre entre celle-ci et Napoléon l'immensité des mers?

Quel plus concluant aveu du prix et du mérite d'un tel prisonnier, que les précautions prises pour la garde d'un seul homme? Les deux mille lieues du grand Océan ne suffisent pas encore, il faut un corps de troupes et une escadre pour garder un seul individu. Cela n'est pas jugé suffisant encore, et les puissances belligérantes envoient un ministre résidant, chargé de s'assurer qu'il ne leur échappera pas!

Que Sir Walter Scott et la nombreuse cohorte des folliculaires veuillent donc être impartiaux un instant, et ils se convaincront aisément que depuis que le monde existe, il ne parut jamais un capitaine, un conquérant, un roi qu'on puisse lui comparer.

Florence, le 26 mai 1828.

L. DE SAINT-LEU.

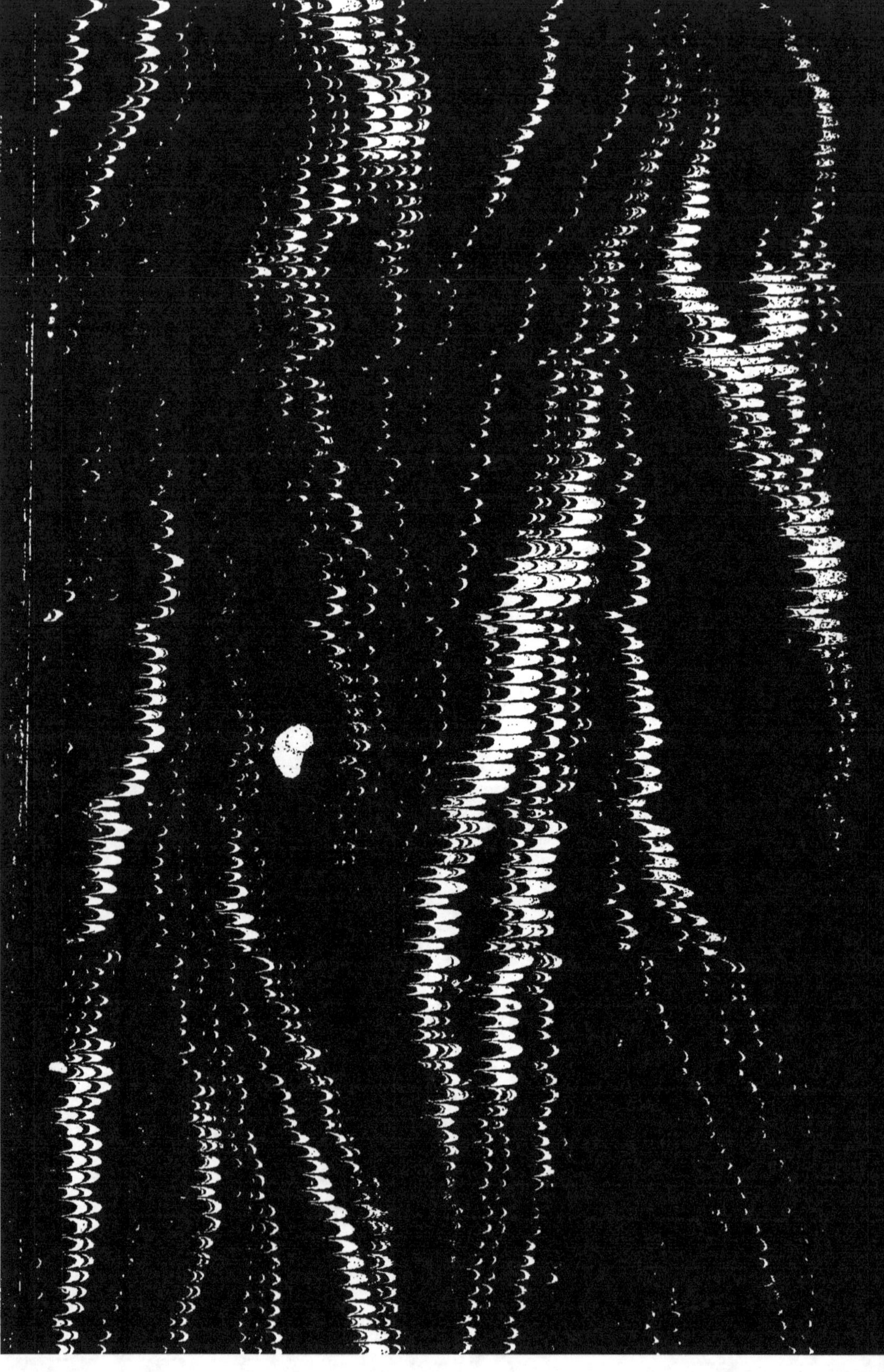

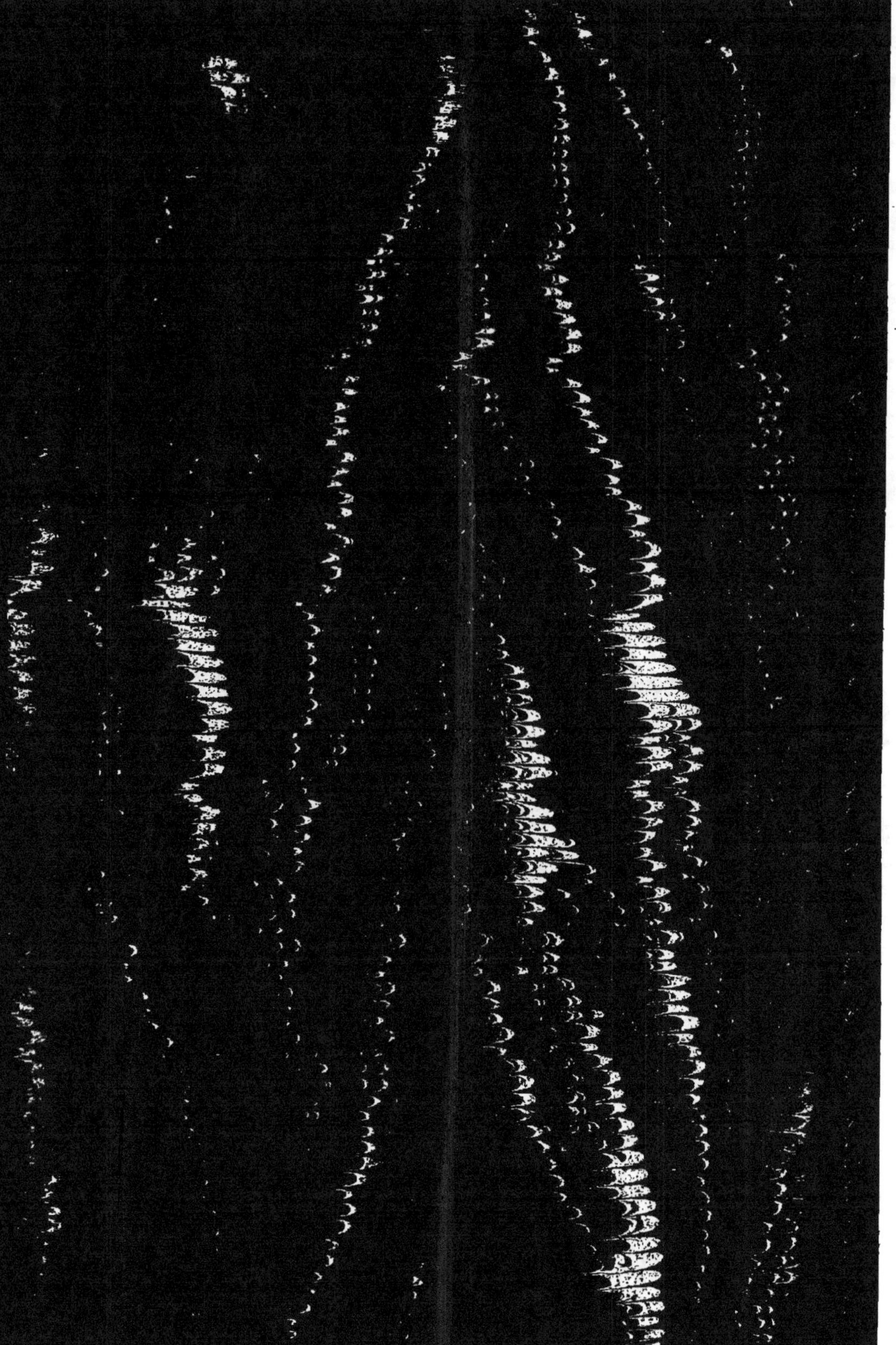